歴史文化ライブラリー
578

源氏物語を楽しむための王朝貴族入門

繁田信一

吉川弘文館

目　次

皇女たちの王朝時代

『源氏物語』が生まれた時代——プロローグ

1　『源氏物語』が生まれた時代

史実に反する存在としての「桐壺更衣」

『源氏物語』に登場する人物たちには、それぞれ、趣向を凝らした設定が与えられているが、光源氏（ひかるげんじ）の母親である桐壺更衣（きりつぼのこうい）の設定は、殊更に興味深い。

なお、この女君（おんなぎみ）の「桐壺更衣」という呼称は、読者たちが定着させたもので、物語の中に当たり前に登場するものではない。物語の語り手などは、彼女を、「御息所（みやすどころ）」と呼んだり主人公の母親として「母君（ははぎみ）」「母御息所（ははみやすどころ）」などと呼んだりするだけで、「桐壺更衣」と呼びはしないのである。

しかし、桐壺（きりつぼ）巻の本文中に「『女御（にょうご）』とだに言はせずなりぬる」とあって、女御（にょうご）ではなかったことが明らかな彼女は、更衣であったろう。また、これも桐壺巻に「御局は桐壺なり」と語られる彼女は、「桐壺」の異名を持つ淑景舎を専用の寝所としていたのだろう。それゆえ、物語の作者も、彼女が「桐壺更衣」と呼ばれることに、殊更に不満はあるまい。

そして、おもしろいのは、そんな桐壺更衣が、女御ではなく、更衣であったにもかかわらず、宮中の淑景舎（桐壺）を専用の寝所として与えられていたことなのである。

周知の如く、女御と更衣とでは、女御の方が、更衣よりも、はっきりと格上であった。そもそも、「女御」という言葉は、女性を敬意を込めて呼ぶものであって、現代語の「ご婦人」に近い言葉であるが、「更衣」という言葉は、着替えを意味するものであって、これを以て呼ばれる女性は、本来、天皇の着替えを手伝う存在でしかなかったはずである。すなわち、更衣というのは、その起源を考えれば、宮中の女房のような存在であったものが、天皇の所謂「お手付き」となったことで妃のような扱いを受けるようになったに過ぎない女性なのである。女御と更衣との格の違いは、ここに決定的なのではないだろうか。

そして、この格差を明確に示す事実として、天皇の正妻である皇后（中宮）になることができるのは、女御だけであった。つまり、更衣は、どれだけ天皇の寵愛を得ていても、皇后にはなり得なかったのである。

また、更衣の産んだ皇子が意図的に玉座より遠ざけられたのも、同じ格差の表れであろう。すなわち、確かな史実として、更衣を母親とする皇子は、誰一人として、天皇になっていないのである。天皇になったのは、皇后（中宮）か女御かを母親とする皇子だけであった。

さらに、同じ格差のゆえに、内裏の殿舎の一つを専用の寝所として与えられるのも、皇后を別とすれば、女御だけであった。だからこそ、歴史上の人物として、「承香殿女御」「弘徽殿女御」「藤壺女御」「梅壺女御」など、承香殿・弘徽殿・飛香舎（藤壺）・登花殿（梅壺）といった内裏の殿舎に由来する呼称を持つ妃は、皇后を除けば、女御だけなのである。これに対して、「〇〇殿更衣」「△壺更衣」と呼ばれる更衣は、ただの一人も実在しない。幾人かで一つの殿舎を分け合って寝所としなければならないのが、更衣たちの現実であった。

ところが、光源氏の母親の桐壺更衣は、確かに、淑景舎（桐壺）を専用の寝所としていた。彼女は、更衣の身で、一つの殿舎を専用の寝所として与えられていたのである。そし

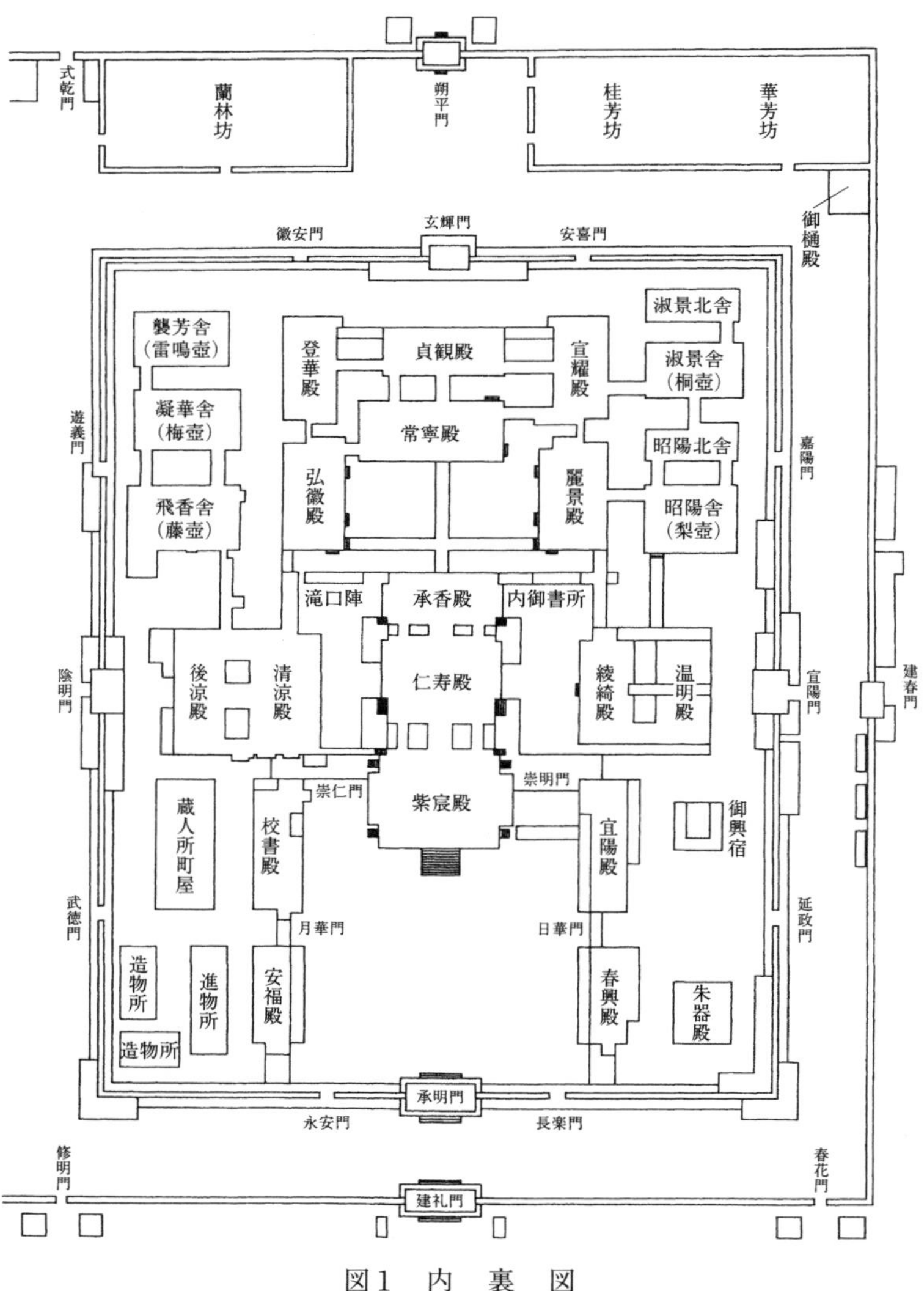

式乾門
蘭林坊
朔平門
桂芳坊
華芳坊
御樋殿
徽安門
玄輝門
安喜門
淑景北舎
襲芳舎
(雷鳴壺)
登華殿
貞観殿
宣耀殿
淑景舎
(桐壺)
凝華舎
(梅壺)
常寧殿
遊義門
昭陽北舎
嘉陽門
弘徽殿
麗景殿
飛香舎
(藤壺)
昭陽舎
(梨壺)
滝口陣
承香殿
内御書所
後涼殿
清涼殿
仁寿殿
綾綺殿
温明殿
陰明門
宣陽門
建春門
崇仁門
紫宸殿
崇明門
御輿宿
蔵人所町屋
校書殿
宜陽殿
武徳門
延政門
月華門
日華門
造物所
進物所
安福殿
春興殿
朱器殿
造物所
承明門
永安門
長楽門
修明門
春花門
建礼門

図1　内　裏　図

て、この設定は、桐壺帝の桐壺更衣に対する愛情の深さを示す演出として機能する。それは、史実に反する設定であるがゆえに、桐壺帝の深い愛情の表現となり得たのである。

「桐壺更衣」が表現する摂関の不在

桐壺更衣の寝所であった淑景舎（桐壺）は、更衣の亡き後には、更衣が産んだ皇子の専用の寝所となる。そして、その皇子が源氏として臣籍に下ったうえで元服を迎えた後にも、すなわち、光源氏が二条院を本宅とする一人前の貴族となった後にも、彼の母親の寝所であった淑景舎は、彼の宮中の控室として利用されることになる。が、これもまた、史実からは大きく外れた設定である。

光源氏は、皇子の身から臣下の源氏となった一世源氏であるため、初めから四位の位階を持っていたはずであり、事実、初めから四位の貴族にふさわしい近衛中将の官職を帯びていた。また、そんな光源氏は、当然、天皇の側近として天皇の寝所である清涼殿への出入りを特別に許される殿上人の一人でもあっただろう。そして、天皇の側近として宿直をすることの多かった殿上人は、内裏内に控室を与えられるものであったから、光源氏が殿上人の一人として宮中に控室を持つのは、むしろ、当然のことであった。

しかし、殿上人が内裏の殿舎の一つを専用の控室とすることなど、史実としては、けっしてあり得ない。時代によって増減はあるものの、殿上人の人数は、常に二十人を下回らなかったから、殿上人たちの一人一人に一つの殿舎を与えることなど、どうやっても無理な相談であろう。殿上人の控室は、普通、内裏内のいずれかの建物のほんの一角を占(し)める程度の、かなりささやかなものだったのである。

そして、史実を無視して、淑景舎を光源氏の控室としたことも、やはり、桐壺帝の深い愛情を表す演出として機能する。もちろん、その愛情というのは、光源氏本人に向けられたものであるとともに、桐壺更衣に向けられたものでもあっただろう。

だが、桐壺更衣をめぐる史実にそぐわない設定が表すものは、桐壺帝の愛情の深さだけではない。右に見てきた設定は、実のところ、『源氏物語』の世界には摂政(せっしょう)や関白(かんぱく)など存在しないということの、遠回しながらも明確な表現にもなっているのである。

摂関政治(せっかんせいじ)が行われて「摂関時代」とも呼ばれる平安時代中期において、摂政や関白が内裏内の控室としたのは、普通、淑景舎であった。それは、清涼殿から遠い淑景舎が、妃の寝所としては、妃本人にも、天皇にも、極めて不便な殿舎だったためかもしれない。

ところが、そんな淑景舎が、『源氏物語』では、桐壺更衣の寝所にされたり桐壺更衣が産んだ皇子の控室にされたりしている。すなわち、この物語は、その控室を奪うというかたちで、摂関の存在を否定しているのである。

そもそも、『源氏物語』には、摂政も関白も登場しない。だからこそ、桐壺帝のモデルが、摂関時代の最中にありながらも摂政や関白を置かずに親政を行った醍醐天皇や村上天皇に比定されたり、あるいは、摂関政治がはじまる以前の仁明天皇に比定されたりするのだろう。このあたりの考証の当否はともかく、『源氏物語』というのは、摂関時代に誕生した物語でありながら、摂関がいない世界の物語なのである。そして、そのことを、間接的ながらも確かに表明するのが、桐壺更衣にまつわる設定なのであった。

現実の王朝時代を理解する意味

もちろん、こうしたことは、『源氏物語』を楽しむうえで、どうしても知らなければならないようなものでもない。こんなことを知らずとも、何の問題もなく『源氏物語』を楽しむことができるのである。むしろ、右に触れたようなことなど、そもそも魅力的な物語に水を差すだけの、小賢しい蘊蓄でしかないのかもしれない。

ただ、王朝時代の物語を楽しむためには、やはり、その物語の背景にある現実の王朝時代について、ある程度は理解しておくべきだろう。

例えば、桐壺更衣は、宮中において、さまざまな嫌がらせを経験するわけだが、われわれ現代人は、現実の王朝時代の後宮のあり方を知ろうとしない限り、桐壺更衣が受けた嫌がらせの意味を、正しくは理解できないのである。

弘徽殿女御をはじめとする桐壺帝の妃たちは、手を取り合うようにして、桐壺更衣だけに執拗に嫌がらせをする。そして、われわれ現代の読者は、彼女たちの行動の理由を、ともすれば、かなり安っぽく、ただの嫉妬心として片付けてしまうのではないだろうか。

もちろん、彼女たちが桐壺更衣を妬んでいなかったはずはあるまい。が、そもそも、後宮というのは、妬みや嫉みが充満している場である。そこでは、全ての妃たちが、自分以外の全ての妃たちを妬んだり嫉んだりしていたことだろう。とすれば、あの弘徽殿女御にしても、他の妃たちの嫉妬の対象になっていなかったはずがない。いや、それどころか、桐壺帝の第一皇子を産んだうえに、その皇子が皇太子（東宮）に立てられるという栄誉に浴した彼女は、全ての妃たちから最も強く妬まれていたはずである。

ところが、全ての妃たちが一丸となって嫌がらせをした相手は、弘徽殿女御ではなく、桐壺更衣であった。とすれば、妃たちが桐壺更衣をめぐって抱いていたのは、ただの嫉妬心などではあるまい。

桐壺更衣が嫌がらせを受けなければならなかったのは、彼女の存在が後宮の秩序を乱していたからであった。彼女は、更衣の身でありながら、一つの殿舎を専用の寝所として与えられていたのである。これは、更衣の彼女が女御のように扱われていたということであって、弘徽殿女御をはじめとする妃たちは、この点にこそ敏感に反応したのであった。

とはいえ、実のところ、後宮の秩序を乱したことの責任は、桐壺更衣にあるわけではない。これについて責めを負うべきは、桐壺帝である。しかし、妃たちも、まさか桐壺帝に嫌がらせをするわけはいかない。そして、それゆえに、妃たちは、桐壺帝への強い抗議として、桐壺更衣への嫌がらせを繰り返したのであろう。

さて、こうした具体例によって幾らかでもご理解いただけたなら幸いなのだが、この本が目指すところは、『源氏物語』をより深く楽しむために、少しばかり現実の王朝時代についての理解を深めることである。そして、本書においては、敢えて「王朝時代」という言葉を用いるが、その意味するところは、『源氏物語』が世に出るための土壌となった時代であり、概ね十世紀から十一世紀までの、平安時代中期である。

皇子たちの王朝時代

朝から忙しい天皇

天皇は幸福か

光源氏も、本当は、天皇になってみたかったりしたのだろうか。あるいは、彼にとって、臣籍(しんせき)に下って源氏として送った人生は、やはり、玉座に登って天皇として送る人生に比べて、不幸なものだったのだろうか。

桐壺帝(きりつぼてい)の第二皇子として誕生したというのが、われわれが「光源氏」と呼ぶ貴公子の最も基本的な設定である。したがって、もし源氏として臣籍に下っていなければ、彼には、即位して天皇となるという人生が、本来、けっしてないわけでもないはずであった。

ところが、その父親として光源氏から皇族の身分を奪った桐壺帝はというと、自ら長く玉座にあったにもかかわらず、天皇としての人生を必ずしも幸福なものと感じてはいなかったのかもしれない。桐壺帝は、葵巻の冒頭において、かねてより皇太子（東宮）となっていた第一皇子に譲位して玉座を下りると、上皇の身となって、それ以降は「院」と呼ばれることになるのであるが、その桐壺院は、桐壺帝であった頃よりも、かえって楽しげな日々を送るのである。

　折節に従ひては、御遊びなどを好ましう世の響くばかりせさせ給ひつつ、今の御ありさましもめでたし。

（桐壺院さまは、何かと口実を設けては、音楽の催しなどを、趣向を凝らして世間で評判になるほどに盛大になさったりしていて、上皇さまになられた現在のお暮らしぶりの方が、天皇さまでいらした頃のお暮らしぶりよりも、かえってうらやましいほどです。）

　そして、天皇としての人生を幸福なものとは感じないというのは、王朝時代＝平安時代中期の現実の天皇にも見られることであった。何と、当時を代表する名君として語られる村上天皇でさえ、『栄花物語』の伝えるところでは、実は、一日も早い退位こそを懇望していたようなのである。

　儚く年月も過ぎて、帝、世知ろし召して後、廿年になりぬれば、「下りなばや。しばし心に任せてもありにしがな」と思し宣はすれど、時の上達部たち、さらに許し聞こえさせ給はざりけり。

（いつの間にか年月が流れて、村上天皇さまは、世を治めはじめてから、二十年を経ていたので、「退位したいものだ。残りの人生は、思うままに過ごしたいものよ」とお思いになって、それを口にお出しにもなったけれど、当時の上級貴族さまたちは、天皇さまのご意向を全く聞き入れ申し上げなかったのでした。）

表1　王朝時代の天皇たちの寿命

天皇	寿命	天皇	寿命
＊〔第五九代〕宇多天皇	六五歳	＊〔第六五代〕花山天皇	四一歳
〔第六〇代〕醍醐天皇	四六歳	〔第六六代〕一条天皇	三二歳
＊〔第六一代〕朱雀天皇	三〇歳	＊〔第六七代〕三条天皇	四二歳
＊〔第六二代〕村上天皇	四二歳	〔第六八代〕後一条天皇	二九歳
＊〔第六三代〕冷泉天皇	六二歳	〔第六九代〕後朱雀天皇	三七歳
＊〔第六四代〕円融天皇	三三歳	〔第七〇代〕後冷泉天皇	四四歳

※年齢は、全て数え年で表している。
※＊は、後年に上皇（法皇）になった天皇を示す。
※一条天皇も生前に退位して上皇になってはいるが、退位から数日で崩御しているため、ここでは上皇にならなかった天皇に数えている。

また、たいへん怖い史実として、王朝時代の天皇たちの寿命を調べてみると、退位して上皇となることのなかった天皇たちは、上皇としての余生のあった天皇たちに比べて、はっきりと短命であった。すなわち、後者の平均寿命が四十五歳を超えるのに対して、前者の平均寿命は、三十九歳にも達しないのである。

もしかすると、少なくとも王朝時代においては、天皇として生きるというのは、あまり幸福なことではなかったのかもしれない。

朝が早い天皇

天皇の朝は早い。『建武日中行事』の冒頭の次の一節からすると、天皇の起床時刻は、卯時であった。

卯の時に、主殿の司、朝清めする音に驚きて、蔵人、御殿の格子を上ぐ。

内裏の諸殿舎の管理を職務とする主殿寮（「主殿の司」）が朝の清掃（「朝清め」）をはじめて、蔵人たちが清涼殿の戸締りを解きはじめる（「御殿の格子を上ぐ」）となれば、それにともなう物音で、天皇も、おちおち寝てはいられなかっただろう。そして、そんなかたちで天皇が起こされたのが、午前五時から午前七時までの卯時だったのである。

王朝時代であれば、時刻の計測は、内裏のすぐ南に位置した陰陽寮の漏刻台（大型の水時計）によって行われており、同寮の鳴らす鐘や鼓が、時報の役割を果たしていた。だから、主殿寮の担当者たちは、毎朝、卯時を知らせる鐘や鼓の音で目を醒まし、ほどなく朝の清掃に取りかかったことだろう。そして、その掃除の音によって起こされたのが、宿直の蔵人たちであって、彼らもまた、起床からほどなく、清涼殿の格子を上げていったのではないだろうか。とすれば、天皇もまた、卯時の半ばの午前六時には、起床せざるを

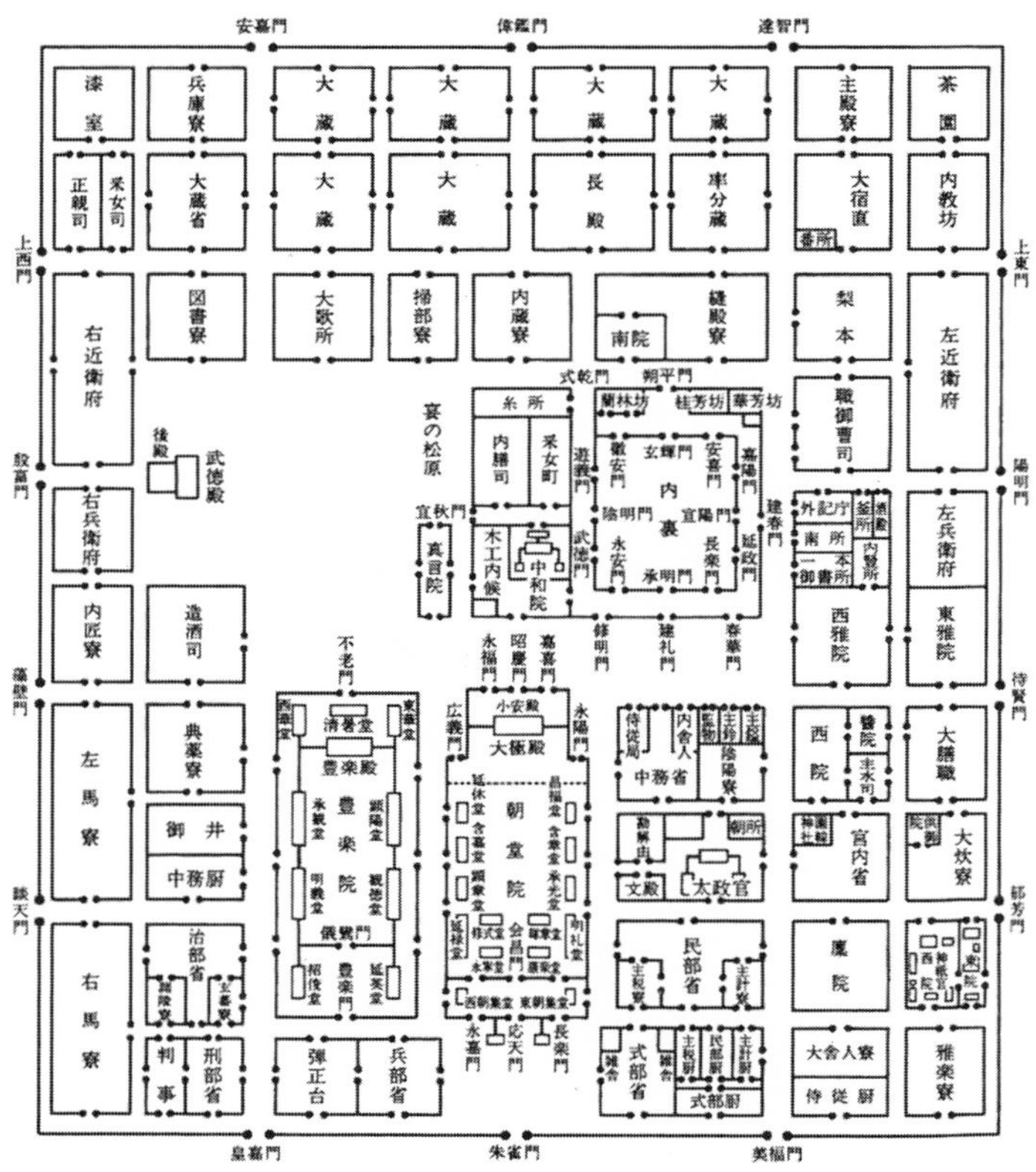

図2　大内裏図

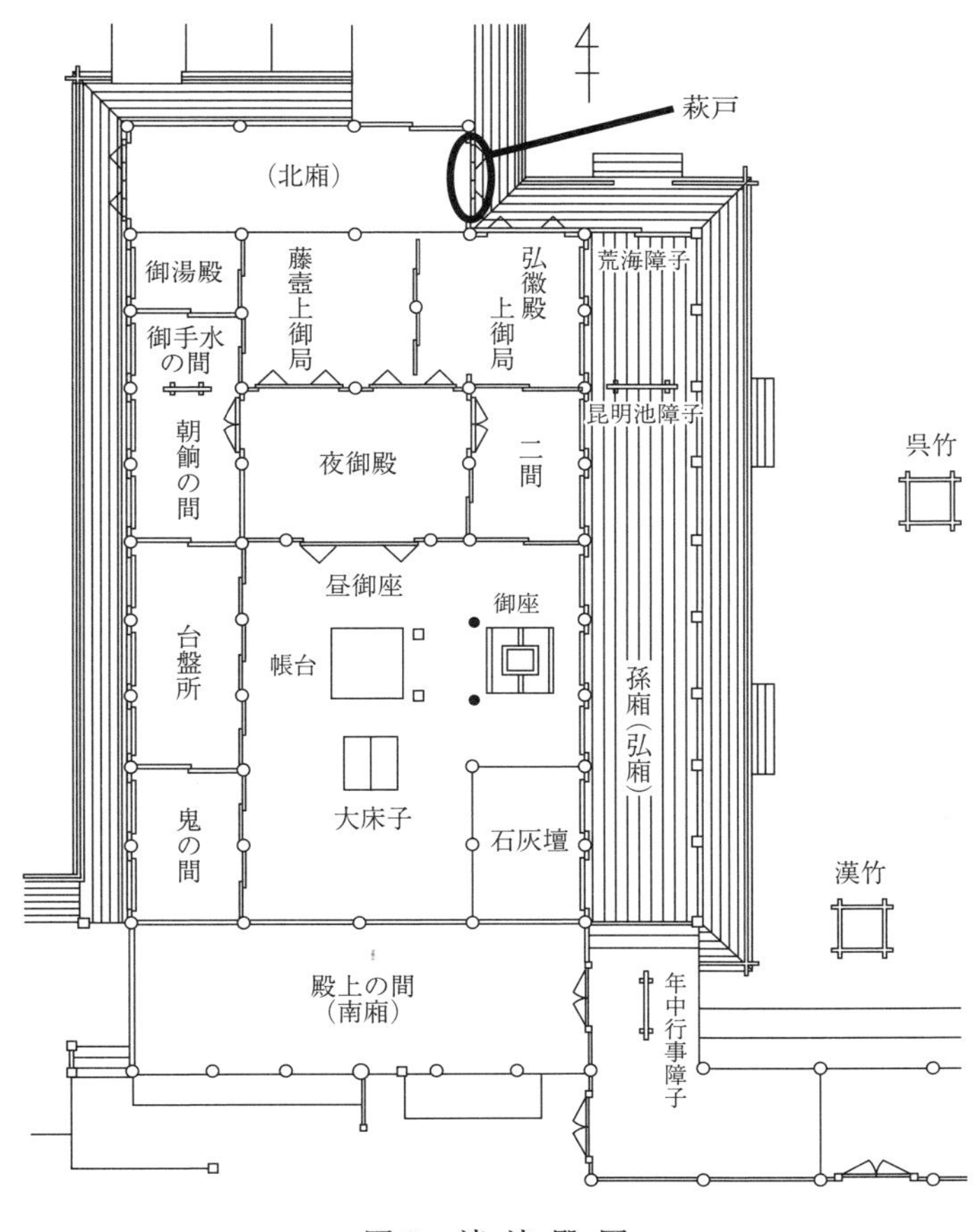
萩戸
(北廂)
御湯殿
藤壺上御局
弘徽殿上御局
荒海障子
御手水の間
朝餉の間
夜御殿
二間
昆明池障子
呉竹
昼御座
御座
台盤所
帳台
孫廂(弘廂)
鬼の間
大床子
石灰壇
漢竹
殿上の間(南廂)
年中行事障子

図3　清涼殿図

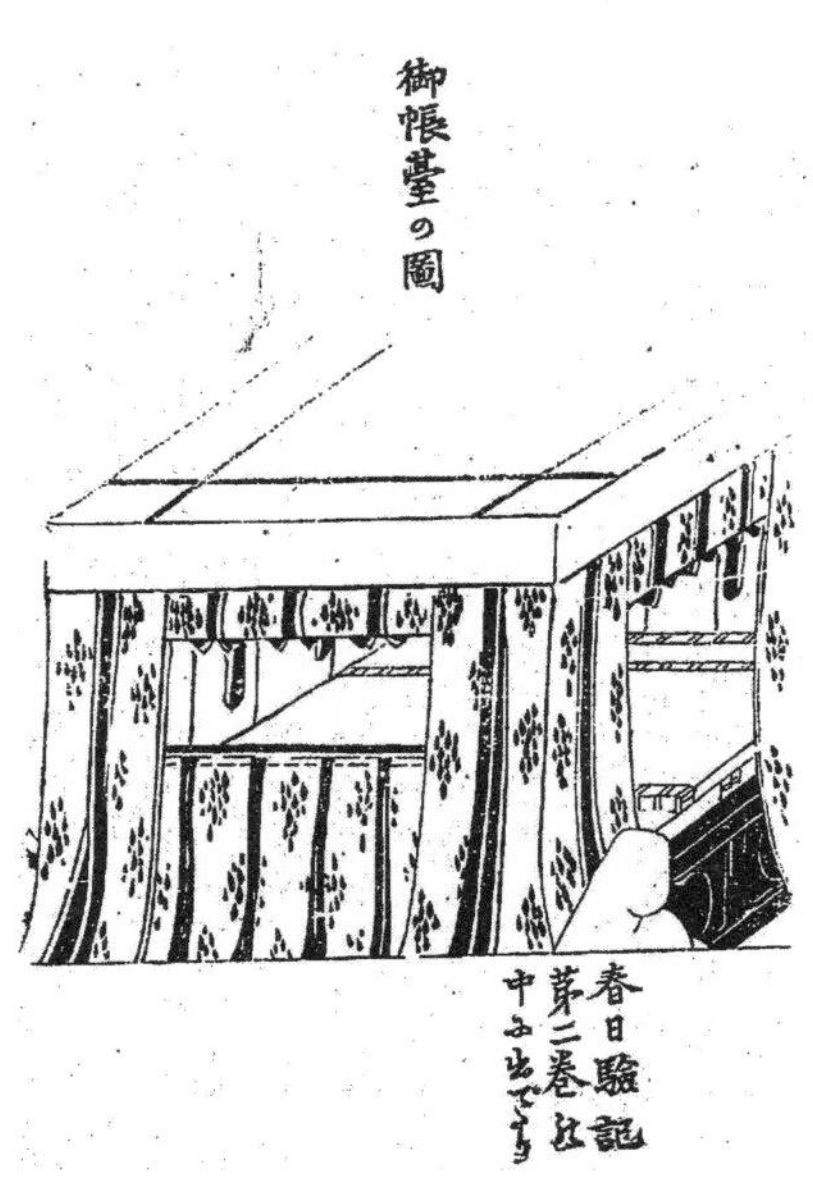

図４　「御帳台の図」（関根正直『宮殿調度図解』1905年，六合館書店）

得なかっただろう。

なお、右に引いた『建武日中行事』は、あの後醍醐天皇の著書である。そして、ここで同書を引用するのは、これが天皇の一日を再現した有職故実書であるからに他ならない。

後醍醐天皇といえば、天皇の権威などすっかり地に落ちていた時代に、所謂「建武の新政」として天皇主導の国政を復活させようとした天皇であるから、彼が紙上に再現しようとした天皇の一日は、やはり、「延喜・天暦の治」として称揚される醍醐天皇や村上天皇の時代の天皇の一日であったろう。それゆえ、後代に成立した『建武日中行事』であっても、王朝時代の天皇の一日を知ろうとするうえで、かなり頼りになるのである。

その『建武日中行事』によると、格子を上げ終わった蔵人たちは、次いで、清涼殿のほぼ中央の昼御座(ひのおまし)に設えられた、天皇の日中の座を整えるのであるが、天皇の寝室たる夜(よるの)御殿(おとど)は、その昼御座のすぐ北側に位置する。ここに、カーテン付きのベッドである帳台(ちょうだい)が置かれていて、天皇は、この夜御殿の帳台において、起床・就寝を繰り返したのであった。

　ちなみに、ここに掲げる清涼殿の見取図では、妃(きさき)たちの控室として夜御殿の北側に置かれていた弘徽殿上御局(こきでんのうえのみつぼね)と藤壺上御局(ふじつぼのうえのみつぼね)とを直接に隣り合わせているが、これは、意図的にそのように作図した結果であって、何らかの過失によるものではない。

　一般に流布している清涼殿図は、弘徽殿上御局と藤壺上御局との間に、「萩戸(はぎと)」と呼ばれる部屋を置く。が、『大鏡(おおかがみ)』によれば、村上天皇の皇后(こうごう)であった藤原安子(やすこ)は、弘徽殿上御局に控えていたとき、「中隔(なかへだ)ての壁(かべ)に穴(あな)を開(あ)けて」、藤壺上御局に控える女御(にょうご)の藤原芳子(よしこ)の姿を覗き見たうえに、芳子のうつくしい容姿に嫉妬(しっと)して、彼女に「土器(かわらけ)の破片(われ)」を投げ付けたのだという。二つの上御局が隣り合っていたことは、ここに明らかであろう。

　そして、王朝時代に「萩戸」と呼ばれていたのは、清涼殿の北廂(きたびさし)の東端に設けられていた妻戸(つまど)なのではないだろうか。この妻戸には、萩(はぎ)の絵が描かれていたらしいのである。

天皇の朝の入浴

さて、寝床を出た天皇の、朝の最初の日課はというと、入浴であった。そう、王朝時代の天皇は、毎朝、目を醒ますや、何よりまず、風呂に入るものだったのである。これについて、『建武日中行事』には、次のように記されている。

辰の時に、主殿の司、御湯を供す。洗といふ女官、是を調ふ。内侍、御湯の熱さ温さを探りて、ことの由を申す。御湯殿仕うまつる内侍、湯巻を着る事もあり。勾当などなり。御湯殿へ下りさせ給ひて、御湯召しぬれば、典侍もしは上臈の女房、御湯帷子を奉る。四脚に据ゑたる御河薬を取りて参らせて、投ぐるとき、土器の音を聞きて、主殿の助なる蔵人主殿ならずば、いづれにても、弓の弦を打つ。

辰時というのは、午前七時から午前九時までであるが、天皇が入浴したのは、おそらく、その最初の七時台前半あたりであったろうか。そして、天皇の浴室は、完全に天皇専用のものであって、清涼殿の北西の隅の御湯殿こそが、それであった。

この入浴には、ずいぶんと大勢の人々が従事した。

まず、主殿寮が用意した湯を御湯殿まで運んだのは、同寮の「洗」と呼ばれる下級の女官である。彼女が「洗」と呼ばれたのは、浴室の清掃を職掌としていたからかもしれない。

　次いで、「内侍（ないし）」と呼ばれる上級の女官が、湯加減を確認する。「内侍」というのは、典侍（ないしのすけ）と掌侍（ないしのじょう）との総称であるが、典侍も、掌侍も、要するに、宮中の女房（にょうぼう）であって、天皇の女房として、「内女房（うちのにょうぼう）」とも「上女房（うえのにょうぼう）」とも呼ばれた。また、「勾当（こうとう）」というのは、専属の担当者のことであって、ここでは、天皇の朝の入浴の専属の担当者の内侍ということであろう。また、この御湯殿の勾当の内侍は、湯の温度を確認するにあたって、衣裳を汚さないよう、「湯巻（ゆまき）」と呼ばれる前掛けを付けたのである。

　そして入浴の際、天皇は、筆頭の内女房である典侍もしくは古参の掌侍の手で、「湯帷子（ゆかたびら）」と呼ばれる絹製の薄衣を着せられる。つまり、天皇は、着衣のまま入浴するのである。それゆえ、身体を洗うのが難しくなりそうなものだが、天皇は、自分で身体を洗ったりはしない。それは、天皇に湯帷子を着せた女房の仕事なのである。また、このとき、天皇の身体を洗うのに用いられる「河薬（かわぐすり）」と呼ばれる道具は、おそらく、米糠（こめぬか）を入れた袋であろう。それは、すなわち、後世に「糠袋（ぬかぶくろ）」と呼ばれる道具である。毎朝毎朝、女房によって糠袋で磨かれ続けた王朝時代の天皇は、さぞかしうつくしい肌をしていたに違いない。

　なお、典侍は、普通、天皇の乳母（めのと）であった。それゆえ、天皇にしてみれば、今なお、子供の頃から身体を洗ってくれていた育ての親に身体を洗われているだけのことで、ここに、何か色っぽい想像を持ち込んではならない。それは、古参の掌侍が天皇の身体を洗う場合にも、同様に願いたい。古参の掌侍は、天皇が幼い頃から仕えてきた女房であって、かねてより、ときには天皇の身体を洗ってきたことだろう。

また、天皇の身体を洗い終えた女房が、河薬を土器に投げ入れると、その音を合図に、蔵人の一人が、入浴中で無防備な天皇を護るべく、弓の弦を鳴らす呪術を行うのであった。

入浴を終えた天皇は、御湯殿のすぐ南隣の「御手水の間」と呼ばれる部屋で、髪を整え、かつ、衣裳を身に着ける。が、『建武日中行事』によれば、これもまた、天皇が自分自身の手で済ませるわけではない。

身支度を整える天皇

やがて御手水の間にて、御袿の人を召す。其の人、召しに依りて、馬形の障子に掛けたる蘇芳の袿を上に引き着て参る。御鬢掻き収め、御装束御直衣奉りて、其の人は罷り出づ。

天皇の髪を整え、天皇に衣裳を着させるのも、内女房の仕事である。これに従事する女房は、このとき、清涼殿の西側に立てられた襖（「障子」）に掛けられている蘇芳色の袿を羽織ったことから、特に「御袿の人」と呼ばれたが、件の袿が掛けられていた襖が

「馬形(うまかた)の障子(しょうじ)」と呼ばれるのは、その襖には、西洋のポロに似た「打毬(だきゅう)」と呼ばれる騎馬競技が描かれていたからである。そして、この「御掛の人」が天皇に着させるのは、天皇の普段着である白い直衣(なおし)に他ならない。また、髪を整えられた天皇は、ここで冠(かん)を被ったものと思われる。

こうして身に着けるべきものを身に着けた天皇は、われわれ現代人にはかなり奇異なことながら、今になって、顔を洗い、かつ、口の中をきれいにする。そして、さすがに、洗顔および口内の清掃は、天皇が自身で行ったようであるが、これに必要な水や道具は、やはり、女房（「女官」）によって運ばれたのであった。『建武日中行事』に次のように見える如くである。

主水(もんど)の司(つかさ)の御手水(おちょうず)を参(まい)る。女官(にょかん)、案(あん)に据(す)ゑて持(も)て参(まい)る。匜(はんぞう)二・盥(たらい)の中の盤(ばん)・銀(しろがね)の器物(うつわもの)二据(す)ゑて一には御手水(おちょうず)の粉(こ)を入(い)る、御楊枝(ごようじ)二具(ぐ)して進(まいら)す。

王朝時代の人々が「案(あん)」と呼んだのは、さまざまなものを載せて運ぶための四脚の机である。ここでは、その案に載せられて、洗顔と口内の清掃とに必要なあれこれが、天皇のもとに運ばれる。

ここに言う「あれこれ」の一つは、「匜(はんぞう)」と呼ばれる柄(え)の付いた水差(みずさし)であり、その数は二つであった。当然、この二つの匜には、水が入っている。そして、「あれこれ」の二つ目は、盥（たらい）である。これには、「盤（ばん）」と呼ばれる小さな四脚の机が入っているが、その使い道は、よくわからない。また、「あれこれ」の三つ目となる銀製の器は、二つあって、その一方には、洗顔料（「御手水の粉（おちょうずのこ）」）が入れられている。この王朝時代の洗顔料というのは、小粒の豆であるらしい。豆で顔を洗うとは、なかなかおもしろい発想であるが、石鹸が存在しなかった時代の生活の知恵であろう。

さらに、「あれこれ」の四つ目として、口内の清掃に用いる二本の楊枝（ようじ）が、案に載せられて運ばれる。この二本の楊枝は、より具体的には、歯をきれいにするためのものに違いあるまい。要するに、歯ブラシを知らない時代の人々は、歯ブラシの代わりとして、楊枝を用いていたわけである。

天皇の毎朝の重要な公務

さて、こうして、天皇は、幾つかの日課を済ませることによって、身支度を終えることになるが、ここまでの日課は、けっして身支度を整えることそのものを目的としていたわけではない。実のところ、天皇が入浴までして朝早くから念入りに身支度をしたのは、全て、『建武日中行事』に次のように見える、さらなる日課に臨むためだったのである。

石灰の壇に出で御しまして、御拝あり。辰巳に向かひて両段再拝。その他、御心に任すべし。

ここに「石灰の壇」と呼ばれるのは、清涼殿の南東の端に近い一角であるが、この一角だけは、板敷になっておらず、土間となっている。といっても、それは、地面と続いていて周囲の板敷と高低差がある、民家に見られるような土間ではなく、周囲の板敷と同じ高さになるまで土を盛った、かなり特殊な土間である。そして、この土間の表面は、清涼殿の中に土が飛び散ることがないよう、漆喰によって固められているのだが、これが、「石灰の壇」と呼ばれるのは、「石灰」こそが、漆喰の古来の名称であるからに他ならない。

御手水の間から石灰の壇へと移動した天皇は、ここに座ると、南東（「辰巳」）の方角を向いて、丁寧な礼拝を行う。その礼拝の作法は、「両段再拝」と呼ばれるが、これは、二度続けて頭を下げること（「再拝」）を、二度（「両段」）に渡って行うというものである。

では、ここまで丁寧な礼拝を、天下を統べる天皇が、しかも、毎朝毎朝、誰に向かって捧げるのかというと、ここで、南東（「辰巳」）の方角が意味を持つことになる。京都から南東の方角に鎮座する、天皇にとって重要な存在といえば、そう、伊勢神宮をおいて他には考えられまい。つまり、天皇は、石灰の壇から、伊勢神宮を遥拝していたのである。それも、毎朝毎朝、けっして欠かされることのない日課として。

天皇が伊勢神宮を礼拝することの意味は、今さら説明するまでもあるまい。伊勢神宮の主祭神たる天照大神(あまてらすおおみかみ)は、天皇家の祖先神たる皇祖神(こうそしん)であるとともに、八百万(やおよろず)の神々の頂点に立つ存在でもあった。したがって、天皇が日課として伊勢神宮を遥拝することには、わが国の日々の安寧を確保する意味があったのである。天照大神の子孫たる代々の天皇が、毎朝毎朝、伊勢神宮を遥拝することによって、わが国には八百万の神々の加護がもたらされる——古代の人々は、そんな考えを持っていたのであった。

したがって、石灰の壇からの遥拝は、天皇にとって、単なる日課ではなく、天皇としての重要な職務であった。現代的な言い方をするならば、それは、「公務」だったのである。

そして、この重要な公務を果たすため、天皇は、毎朝毎朝、早くに起床しなければならなかったのであり、起床してすぐに入浴しなければならなかったのであった。神を拝むにあたっては身を清めなければならないというのは、古代人には常識以前の認識となる。

なお、神を拝む者は、必ず地面に下りなければならなかったから、本来、伊勢神宮を遥拝する天皇も、清涼殿の庭に出るべきであった。が、それでは、天候の悪い日などには支障があったためだろう、それゆえの工夫が、屋内の地面としての石灰の壇なのである。

天皇の朝食

右の遥拝が終わったとき、既に辰時も終わろうとしていたことだろう。すなわち、遥拝が終わる時刻は、午前九時の少し手前であったと考えられるのである。しかし、天皇は、ここに至るまで、全く食事をしていない。王朝時代の天皇は、午前六時に起床した後、概ね三時間もの間、朝食を摂ることもなく、公務に従事し続けていたのである。遥拝はもちろん、その遥拝のための入浴なども、公務と見做されるべきであろう。

そして、天皇がようやく一日で最初の食事を摂ることができたのは、巳時にもなってからのことであった。次に引くのは、王朝時代に蔵人の職務マニュアルとして著された『侍中群要』の一節であるが、ここに「朝干飯」と見えるのは、天皇の食事である。

　巳剋に朝干飯を供する事

「朝干飯」は、より丁寧に「朝餉御膳」とも呼ばれたが、この食事について、『建武日中行事』は、次のように説明する。

　朝餉の御膳参る。……。陪膳の女房、朝餉の端の畳に候す。

これによると、天皇は、女房の給仕（「陪膳」）で食事をするが、「陪膳の女房、朝餉の端の畳に候す」と見える中の「朝餉」は、朝餉御膳ではなく、「朝餉の間」と呼ばれ

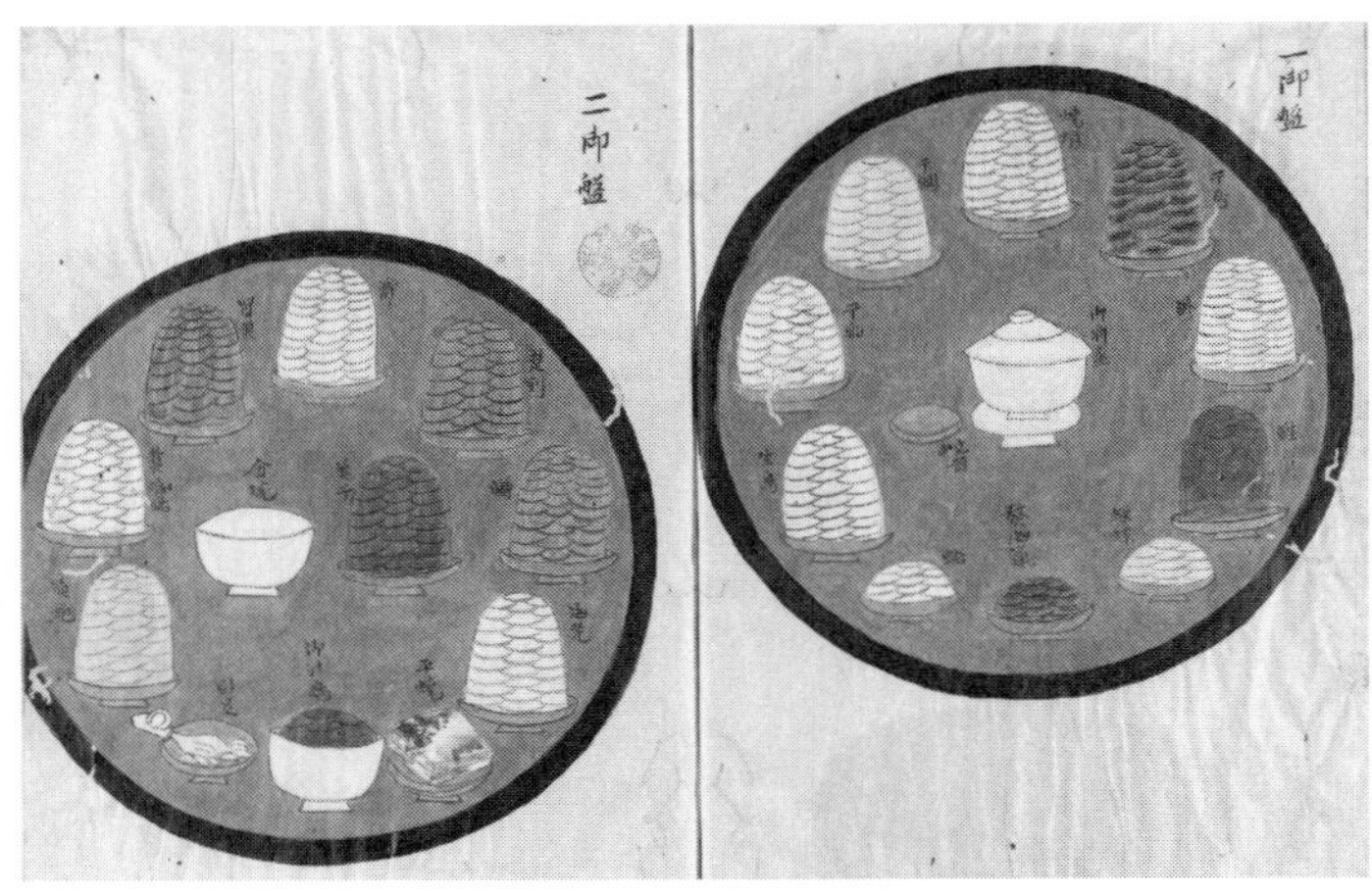

図５　朝餉御膳（『御膳圖 朝餉大床子』国立国会図書館蔵）

る部屋を意味する。つまり、天皇は、御手水の間の南隣の朝餉の間で、朝餉御膳を摂ったのである。

そして、この食事の折、天皇の側にいるのは、給仕係の女房だけである。つまり、天皇は、朝食を摂るにあたって、その家族とも言うべき妃や皇子や皇女とともに食卓に着くことがないのである。彼は、「食事は、何を食べるかよりも、誰と食べるかが大切」という現代人には馴染みの幸福論とは、全く無縁であった。

しかし、その分、「何を食べるか」という部分に幸福を求めるとすれば、ずいぶんと贅沢な献立の朝餉御膳には、かなり期待が持てるかもしれない。

まず、主食となる蒸した米飯は、天皇一人では絶対に食べきれないほどの量が用意される。そして、副菜はというと、これが実に豪勢で、『厨事類記』という、鎌倉時代末期成立の食事に特化した有職故実書によると、十六品以上が用意されたようなのである。

『厨事類記』によると、朝餉御膳の副菜は、「窪器物」「干物」「生物」の三つに分類される。そして、具体的な内容を見ると、窪器物は、海月の酢の物・海鞘の味噌和え・雉肉の味噌和え・鯛の味噌和えであり、干物は、雉肉・鮭・蒸鮑を本当にカラカラになるまで干したものの削り節および石焼きにした蛸の削り節であり、生物は、鯉・鯛・鮭・鱒・鱸・雉・鯇の刺身であった。品数のみならず、内実としても、たいへん贅沢であろう。

ただ、この献立は、基本的に、毎日のものであった。つまり、王朝時代の天皇は、毎朝毎朝、同じものを食べるしかなかったのである。

また、王朝時代の人々が味付けに使えたのは、主として、塩・酢・酒・味噌・梅肉といったところであった。当時の日本には、まだ醤油がなかったのである。果たして、醤油もなしに、刺身や削り節をおいしく食べることができたのだろうか。

食事を終えた天皇を待っていたのは、勉強の時間であった。先ほども引いた『侍中群要』に次の如くに見える通りで、王朝時代の天皇にとっては、勉学もまた、欠かすことのできない日々の公務だったのである。

漢文を勉強しなければならない天皇

巳剋に御読書の事

「御読書」と言われてはいても、天皇は、楽しく『枕草子』や『源氏物語』などを読んでいたわけではない。王朝時代において、「読書」という言葉は、漢文の書物を読むことを意味したから、天皇が「御読書」として読んだのも、当然、さまざまな漢文の書物である。天皇の「御読書」の時間は、要するに、漢文の時間であった。

しかも、この時代には、われわれが高等学校で使った漢文の教科書のような、初めから返り点（レ点や一二点など）や送り仮名が付けられている漢文のテキストなど、全く存在していない。天皇でさえ、漢文を勉強するときには、ただただ漢字だけが列んでいる白文のテキストを使うしかないのである。

それゆえ、天皇には、優秀な家庭教師が付けられていた。「侍読」と呼ばれる天皇の家庭教師を務めたのは、漢学の専門家として当代随一と認められたような学者である。より具体的には、大学寮という朝廷の教育機関において漢学の指導にあたる文章博士という官職を務めたことのある者などが、侍読に任命されたのである。醍醐天皇の侍読に至っては、何と、学問の神として祀られることになる菅原道真であった。

なお、宇多天皇がその息子の醍醐天皇への訓誡として書き残した『寛平御遺誡』には、次のような一節が見えるのだが、ここから察するに、天皇の勉学の主要な目的は、教養を深めることにではなく、帝王学を身に着けることにあったのだろう。

天子は、経史百家を窮めずと雖も、何ぞ恨むる所の有らん乎。唯に『群書治要』を早く誦み習ふべし。雑文に就きて以て日月を消すこと勿れ。

表2　王朝時代の侍読たち

天皇	侍読
醍醐天皇	菅原道真
朱雀天皇	藤原弘文・藤原元方
村上天皇	大江維時
冷泉天皇	紀在昌・三統元夏・大江斉光・橘直幹
円融天皇	藤原俊生・大江斉光
花山天皇	菅原輔正・源伊行・藤原惟成
一条天皇	高階成忠・藤原忠輔・大江匡衡・藤原広業

ここに天皇に必読の書として挙げられる『群書治要』は、唐王朝の第二代皇帝として「太宗」と呼ばれる李世民が編纂させた、国家統治の参考書である。その内容は、春秋戦国時代から晋朝までに著された六十七もの書物から抜き出された、統治に役立つ名言の数々であって、同書を息子の帝王学

の教科書に選んだ宇多天皇は、実に適切な判断を下したものであった。あるいは、ここには、彼の側近であった菅原道真の進言があったのだろうか。

とはいえ、醍醐天皇以降の天皇たちも、『群書治要』だけを読んでいたわけではあるまい。『権記』というのは、王朝時代を代表する書家として知られる藤原行成の日記であるが、その『権記』において「好文の賢皇」と賞される一条天皇などは、『史記』『漢書』『後漢書』といった歴史書や『文選』『白氏文集』といった文学作品などをも、相当に読み込んでいたはずである。彼が中国の歴史や文学に通じていたことは、『枕草子』でもお馴染みであろう。

ともかく、朝食も摂らずに公務を果たして、ようやく食事ができたところで、今度は漢文の勉強が待っているというのだから、天皇の午前は、ずいぶんと忙しかったようである。

天皇は食べない天皇の食事

ところで、天皇はどこで勉強したのかというと、それは、清涼殿の中心を占める「昼御座」と呼ばれる部屋においてであった。ここは、天皇の日中の居間であり、ここにいるときの天皇は、東側を正面とすることになる。それゆえ、天皇が勉強するときには、侍読を務める学者は、清涼殿の東孫廂に喚ばれて、そこから昼御座の天皇を指導したのであった。

この昼御座は、午時(うまのとき)には、天皇の食事の場ともなる。その食事は、時刻が時刻であっただけに、「朝御膳(あしたのおもの)」とも「昼御膳(ひのおもの)」とも呼ばれ、また、その折には天皇が「大床子(おおしょうじ)」と呼ばれる膝ほどの高さの台の上に座ったことから、「大床子御膳(おおしょうじのおもの)」とも呼ばれたが、次に引用する『建武日中行事』では、朝御膳（「朝の御膳」）として説明される。

> 朝(あした)の御膳(おもの)は、午(うま)の刻(こく)なり。

もちろん、この朝御膳（昼御膳／大床子御膳）の際にも、天皇が正面としたのは、東である。したがって、朝御膳は、大床子の東側に並べられたのであったが、その内容はといえば、天皇一人では食べきれるはずがないほどに大量の蒸した米飯と二十品以上もの副菜とであった。この二十品を超える副菜は、大床子の東側に台盤(たいばん)が二つも置かれて、その上に並べられる。台盤というのは、要するにテーブルである。

また、奈良時代以前から天皇の料理番を務め続けた高橋氏の智恵を凝縮するかたちで江戸時代に成立した『朝餉大床子等御膳図(あさがれいおおしょうじとうおものず)』という有職故実書によれば、朝御膳の副菜の食材となったのは、鮑(あわび)・栄螺(さざえ)・蛤(はまぐり)・烏賊(いか)・蛸(たこ)・海鞘(ほや)・海月(くらげ)・海老(えび)・鯛・鮭・鱸・鯉・鮎(あゆ)・魚卵(ぎょらん)・雉(きじ)などであった。これらが、窪器物（和え物）や干物（干物）や生物（刺身）になった他、焼き物や汁物になったのである。このうち、汁物をめぐっては、熱い汁だけ

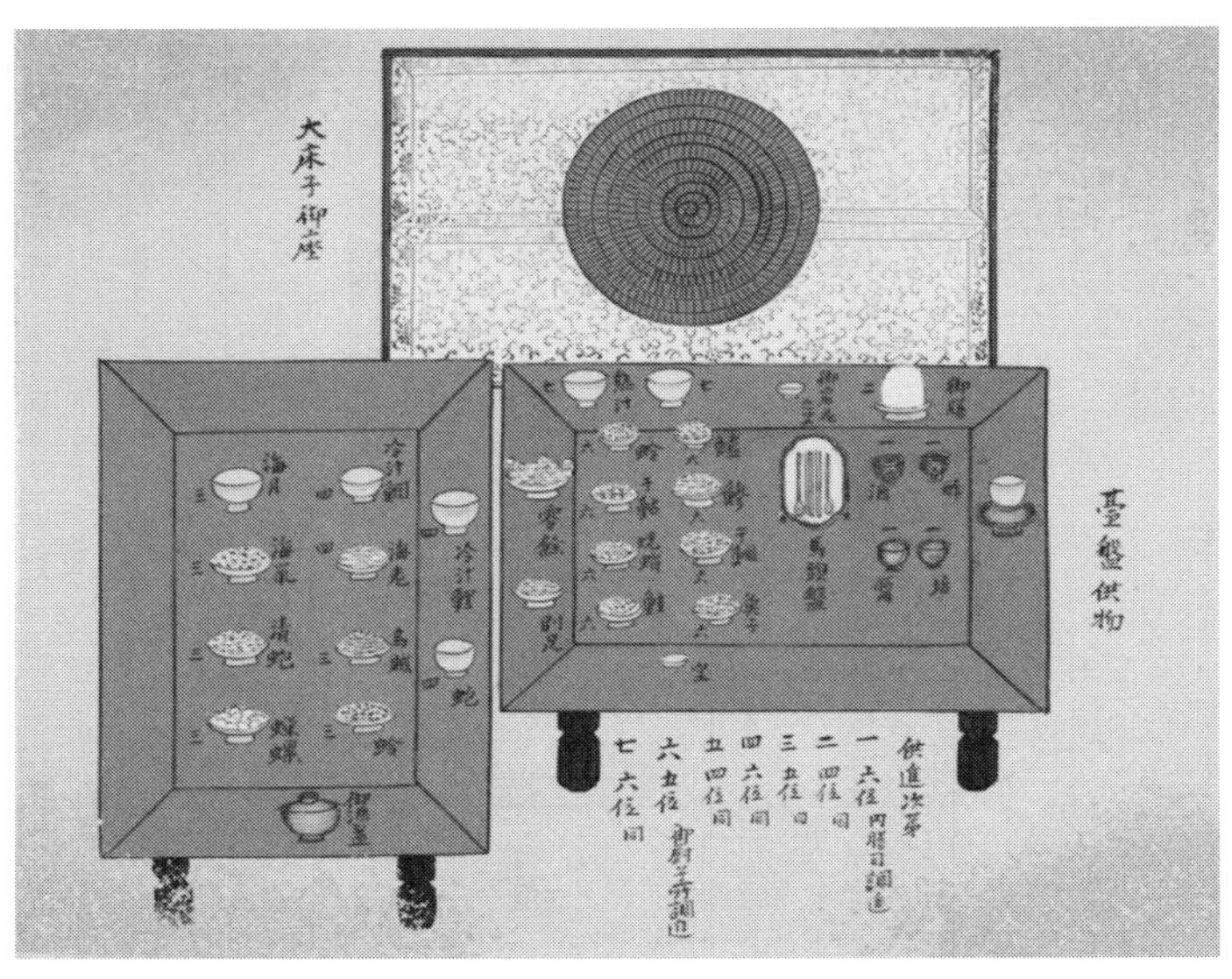

図６　大床子御膳（『旧儀式図画帖』東京国立博物館蔵）

ではなく、冷たい汁までもがあったことが、なかなか興味深いように思われる。

　ただ、せっかく豪勢な献立となっている朝御膳にしても、やはり、味付けに醤油を使うことはできない。そして、この食事の折の調味料は、酢・酒・塩・味噌と決まっていた。『厨事類記』は、朝御膳の調味料として、ときに味噌に代えて「いろり」と呼ばれる大豆の煮汁が使われたことを伝えているが、それでも、醤油の味わいにはかなうまい。

　しかし、それ以前の問題として、天皇には、この朝御膳を食べることは、かなり難しかった。というのも、天皇は、これに先立つ巳時に、朝餉御膳として食事を摂ったばかりだからである。そして、現実に、王朝時代の天皇たちは、朝御膳にはほとんど箸をつけることがなかったのであった。

例えば、『枕草子』の「清涼殿の丑寅の隅の」と書き出される一段において、一条天皇は、弘徽殿上御局で中宮藤原定子や女房たちと楽しく閑談していたところを、朝御膳の用意が整ったということで、その場を離れて昼御座へと向かうのであったが、あっという間に弘徽殿上御局へと戻って来るのである。ここからは、中宮定子の傍らを離れたくないという一条天皇の気持ちを読み取ることもできようが、それ以前に、朝御膳にはほとんど手を着けないという王朝時代の天皇たちに共通の習慣をも読み取るべきなのである。

公務として食卓に着く天皇

ところが、天皇にとっては、本来、朝御膳（昼御膳／大床子御膳）こそが、正式な一日の最初の食事であった。そして、朝餉御膳は、天皇の食事として、正式なものではなかった。

実は、このあたりは、誰が給仕をしたかということにも、はっきりと表れている。つまり、先に触れたように、朝餉御膳の折に給仕を務めたのは、内女房であったが、朝御膳の折に給仕を務めたのは、殿上人たちだったのである。宮中においては、概ね、公式なことに関わるのは男性であって、女性が関わるのは非公式なことであったから、殿上人が給仕を務める朝御膳こそが公式の食事であって、内女房が給仕を務める朝餉御膳は非公式な食事であったことは、容易に理解されるのではないだろうか。

ちなみに、『枕草子』や『源氏物語』にもしばしば登場する「殿上人」という言葉は、四位または五位の位階を持つ中級貴族たちのうち、殊更に天皇の側近と見做されて、「殿上の間」と呼ばれる清涼殿の南の一角に出入りすることを特別に許された人々を意味する。そして、この殿上人たちにのみ許された名誉ある役目が、天皇の正式な食事の給仕であった。

また、朝御膳と朝餉御膳との位置付けは、それぞれの食卓が置かれた部屋からも明らかであろうか。すなわち、朝御膳は、昼御座に用意されたのに対して、朝餉御膳は、朝餉の間に用意されたのである。昼御座は、堂々たる天皇の居間であったのに対して、朝餉の間は、明らかに裏部屋でしかなかった。朝餉の間は、清涼殿では裏側となる西側に位置していたのみならず、御湯殿や御手水の間といった身支度の部屋と並んでいたのである。

では、なぜ、王朝時代の天皇たちは、正式な食事の朝御膳を食べなくなったのだろうか。これについては、朝御膳の献立が、王朝時代の時点で既に古臭いものとなっていたことが考えられる。朝餉御膳の献立が常に同じであったことには既に触れたが、これは、朝御膳でも同様であった。しかも、朝御膳の献立が作られたのは、おそらく、奈良時代後期もしくは平安時代前期と、王朝時代の人々にとってさえ大昔となる時代だったのである。

なお、王朝時代の朝御膳の献立は、奈良時代の前期や中期にならば天皇でも普通に食べていた獣肉が見当たらないことから、奈良時代中期にさかのぼるものではあるまい。とすれば、やはり、王朝時代の朝御膳の献立の成立は、奈良時代後期あるいは平安時代前期ほどに想定されるべきである。とはいえ、それでも、それは、王朝時代＝平安時代中期の人々からすれば、百年以上の昔である。そんな大昔の献立を毎日のように食べさせられることは、王朝時代の天皇たちには、かなり苦痛だったことだろう。

とはいえ、朝御膳が廃止されることはなかった。そして、それは、朝御膳には、天皇こそが日本の主であることを、食卓を通じて確認するという、たいへん重要な意味があったためではないだろうか。朝御膳の食材は、地方諸国から献上された魚介類などであって、元来、天皇は、それらを食べることで、自身の支配権を確認していたのだろう。

そのため、王朝時代の天皇たちも、毎日、形式的に朝御膳の食卓に着かなければならなかった。当時の天皇にとっては、食事さえもが、重要な公務だったのである。

数字で見る皇子

皇子は幸福か

王朝時代の天皇が、必ずしも幸福ではなかったとして、では、その時代、天皇にならなかった皇子(おうじ)は、ただの皇子のまま、幸せな生涯を送ることができたのだろうか。

桐壺帝(きりつぼてい)は、光源氏も含めて、少なくとも十人もの皇子を儲けた。それは、「女御(にょうご)・更衣(こうい)、数多候ひ給ひける(あまたさぶらひたまひける)」という後宮(こうきゅう)を擁した桐壺帝にしてみれば、当たり前のことであろうか。

しかし、その大勢の桐壺帝皇子たちのうち、天皇になったのは、朱雀帝(すざくてい)となった第一皇子および冷泉帝(れいぜいてい)となった第十皇子（本当は光源氏の息子であるが）の二人のみであった。つ

表3　宇多天皇（八六七～九三一）の皇子たち

①敦仁親王	仁和元年（八八五）～延長八年（九三〇）	醍醐天皇	母・女御藤原胤子（内大臣高藤女）
②斉中親王	仁和元年（八八五）～寛平三年（八九一）	無品	母・女御橘義子（参議広相女）
③斉世親王	仁和二年（八八六）～延長五年（九二七）	三品兵部卿	母・女御橘義子（参議広相女）
④敦慶親王	仁和三年（八八七）～延長八年（九三〇）	二品式部卿	母・女御藤原胤子（内大臣高藤女）
⑤敦固親王	？～延長四年（九二六）	二品兵部卿	母・女御藤原胤子（内大臣高藤女）
⑥斉邦親王	？～？		母・女御橘義子（参議広相女）
⑦敦実親王	寛平五年（八九三）～康保四年（九六七）	一品式部卿	母・女御藤原胤子（内大臣高藤女）
⑧行中親王	寛平九年（八九七）～延喜九年（九〇九）	無品	母・不明
⑨雅明親王	延喜二〇年（九二〇）～延長七年（九二九）	無品	母・尚侍藤原褒子（左大臣時平女）
⑩載明親王	？～？		母・尚侍藤原褒子（左大臣時平女）
⑪行明親王	延長四年（九二六）～天暦二年（九四八）	四品上総太守	母・尚侍藤原褒子（左大臣時平女）

表4　醍醐天皇（八八五～九三〇）の皇子たち

①克明親王	延喜三年（九〇三）～延長五年（九二七）	三品兵部卿	母・更衣源封子（大蔵卿旧鑒女）
②保明親王	延喜三年（九〇三）～延長元年（九二三）	皇太子（即位前に薨去）	母・皇后藤原穏子（関白基経女）
③代明親王	延喜四年（九〇四）～承平七年（九三七）	三品中務卿	母・更衣藤原鮮子（伊予介連長女）
④重明親王	延喜六年（九〇六）～天暦八年（九五四）	三品式部卿	母・更衣源某女（大納言昇女）
⑤常明親王	延喜六年（九〇六）～天慶七年（九四四）	四品	母・女御源和子（光孝天皇皇女）
⑥式明親王	延喜七年（九〇七）～康保三年（九六六）	三品中務卿	母・女御源和子（光孝天皇皇女）
⑦有明親王	延喜一〇年（九一〇）～応和元年（九六一）	三品兵部卿	母・女御源和子（光孝天皇皇女）
⑧時明親王	延喜一二年（九一二）～延長五年（九二七）	無品	母・更衣源周子（右大弁唱女）

⑨長明親王	延喜一三年(九一三)~天暦七年(九五三)	四品	母・更衣藤原淑姫(参議菅根女)
⑩源高明	延喜一四年(九一四)~天元五年(九八三)	正二位左大臣	母・更衣源周子(右大弁唱女)
⑪兼明親王	延喜一四年(九一四)~永延元年(九八七)	一品中務卿	母・更衣藤原淑姫(参議菅根女)
⑫源自明	延喜一八年(九一八)~天徳二年(九五八)	正四位下参議	母・更衣藤原淑姫(参議菅根女)
⑬源允明	延喜一九年(九一九)~天慶五年(九四二)	従四位上播磨権守	母・更衣源某女(左兵衛佐敏相女)
⑭寛明親王	延長元年(九二三)~天暦六年(九五二)	朱雀天皇	母・皇后藤原穏子(関白基経女)
⑮章明親王	延長二年(九二四)~正暦元年(九九〇)	二品弾正尹	母・更衣藤原桑子(中納言兼輔女)
⑯成明親王	延長四年(九二六)~康保四年(九六七)	村上天皇	母・皇后藤原穏子(関白基経女)
⑰盛明親王	延長六年(九二八)~寛和二年(九八六)	四品上野太守	母・更衣源周子(右大弁唱女)
⑱為明親王	?~?	正四位下刑部卿	母・更衣藤原某女(参議伊衡女)

表5　村上天皇(九二六~九六七)の皇子たち

①広平親王	天暦四年(九五〇)~天禄二年(九七一)	三品兵部卿大宰帥	母・更衣藤原祐姫(大納言元方女)
②憲平親王	天暦四年(九五〇)~寛弘八年(一〇一一)	冷泉天皇	母・皇后藤原安子(右大臣師輔女)
③致平親王	天暦五年(九五一)~長久二年(一〇四一)	四品兵部卿	母・更衣藤原正妃(大納言在衡女)
④為平親王	天暦六年(九五二)~寛弘七年(一〇一〇)	一品式部卿	母・皇后藤原安子(右大臣師輔女)
⑤昭平親王	天暦八年(九五四)~長和二年(一〇一三)	四品常陸太守	母・更衣藤原正姫(大納言在衡女)
⑥昌平親王	天暦一〇年(九五六)~応和元年(九六一)	無品	母・女御藤原芳子(左大臣師尹女)
⑦守平親王	天徳三年(九五九)~正暦二年(九九一)	円融天皇	母・皇后藤原安子(右大臣師輔女)
⑧具平親王	応和四年(九六四)~寛弘六年(一〇〇九)	二品中務卿	母・女御荘子女王(代明親王女)
⑨永平親王	康保二年(九六五)~永延二年(九八八)	四品兵部卿	母・女御藤原芳子(左大臣師尹女)

まり、桐壺帝の皇子たちの状況だけを見ても、八人もの皇子たちが、皇子として生まれながら、ついに天皇になることはなかったのである。

そして、こうした『源氏物語』の設定は、いまだ摂関政治が完全には定着していなかった王朝時代前半の現実を、かなり忠実に反映している。

例えば、宇多(うだ)天皇の「女御・更衣、数多候ひ給ひける」後宮に生まれた十一人の皇子たちのうち、天皇になったのは、醍醐(だいご)天皇となった第一皇子の敦仁親王(あつひとしんのう)だけであった。また、やはり「女御・更衣、数多候ひ給ひける」後宮を持った醍醐天皇の十八人の皇子たちにしても、天皇になったのは、朱雀(すざく)天皇となった第十四皇子の寛明(ひろあきら)親王および村上(むらかみ)天皇となった第十六皇子の成明(なりあきら)親王だけである。そして、これらに比べれば、だいぶ天皇になった率が上がるのが、村上天皇の九人の皇子たちなのだが、それでも、冷泉(れいぜい)天皇となった第二皇子の憲平(のりひら)親王と円融(えんゆう)天皇となった第七皇子の守平(もりひら)親王との二人が天皇になったに過ぎない。

こうして見ると、光源氏も、仮に、源氏(げんじ)として臣籍(しんせき)に下されることなく、あくまで皇子として送る人生を与えられていたとしても、天皇になることはないまま、ただの皇子として生涯を過ごすことになっていたのかもしれない。それは、彼には異母弟にあたる蛍兵(ほたるひょう)

部卿宮や八の宮がたどった人生であり、また、紫の上（若紫）の父親の兵部卿宮や朝顔の姫君（朝顔の斎院）の父親の桃園式部卿宮や末摘花の父親の常陸宮がたどった人生である。

ただ、『源氏物語』に見る限り、天皇にならなかった皇子の人生というのは、あまり華々しいものではない。もちろん、あくまで物語の登場人物であるから、話の展開に応じて出番が少ないだけなのかもしれないが、それにしても、兵部卿宮といい、桃園式部卿宮といい、単に重要な女君の父親という存在でしかない。さらに、常陸宮などは、彼が逝った後の末摘花の暮らしぶりからして、ただ豊かに暮らすことさえできていなかったのだろう。

これらの皇子たちに比べれば、蛍兵部卿宮は、出番も多く、また、常に華やかな役割を与えられている。絵合巻や蛍巻などは、彼の存在があって初めて成立する物語である。とはいえ、その彼でさえ、『源氏物語』の全体を見渡すなら、臣籍に下った光源氏ほどの輝きを放つことはない。彼もまた、頭中将と同じく、光源氏の引き立て役に過ぎないのである。

では、現実の王朝時代において、天皇にならなかった皇子たちは、どのような人生を送っていたのだろうか。果たして、彼らの人生は、天皇の人生よりは幸福なものだったのだろうか。

ありふれた存在としての皇子

さて、皇子の人生に踏み込む前に、そもそも、皇子というのは、王朝時代において、常時、どれほどの数が存在していたものだったのだろうか。

『源氏物語』に登場する皇子は、桐壺帝の皇子だけではない。例えば、桃園式部卿宮は、桐壺帝の弟宮(おとうとみや)にあたる皇子である。また、兵部卿宮や常陸宮などは、桐壺帝との関係さえもはっきりしない皇子たちである。兵部卿宮および常陸宮は、桐壺帝には父親にあたる天皇の皇子ではないわけだが、とすると、彼らは、桐壺帝には従兄弟(いとこ)や又従兄弟(またいとこ)にあたる皇子かもしれないし、あるいは、桐壺帝には伯叔父(おじ)や大伯叔父(おおおじ)にあたる皇子かもしれない。いずれにせよ、兵部卿宮や常陸宮は、桐壺帝や光源氏が属するのとは異なる皇統に属する皇子なのだろう。

『源氏物語』の架空の世界において、帝位の継承は、必ずしも、父親から息子へという、きれいなわかりやすいかたちでのみ行われていたわけではないらしい。それゆえ、この物語には、それぞれに父親を異にするさまざまな皇子が登場するわけだが、それぞれの皇子

図7　皇室略系図

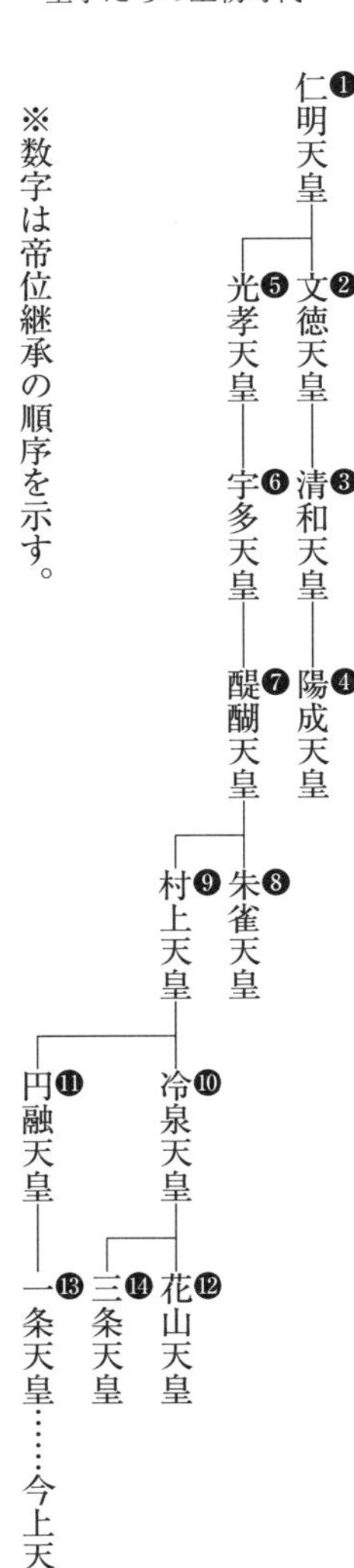

※数字は帝位継承の順序を示す。

たちに幾人かずつの兄宮（あにみや）や弟宮がいたとすれば、物語の表面には登場しないものの、『源氏物語』の世界に想定される皇子の数は、かなりのものになるに違いない。

そして、そこには、やはり、王朝時代の皇子たちの現実が反映されている。

先に見た宇多天皇の皇子たち・醍醐天皇の皇子たち・村上天皇の皇子たちというのは、宇多天皇・醍醐天皇・村上天皇が、直系の三世代であるために、あまり複雑な血縁関係にはない。また、宇多天皇の先代の光孝（こうこう）天皇が宇多天皇の父親であることから、ここに光孝天皇の皇子たちを登場させたところで、やはり、ややこしい話になることはない。

しかし、周知の如く、光孝天皇の先代の陽成（ようぜい）天皇はというと、光孝天皇の父親ではないばかりか、光孝天皇からすれば、尊属でさえない。陽成天皇は、光孝天皇にとって、異母兄の孫であった。つまり、陽成天皇から光孝天皇への譲位は、甥孫から大叔父への帝位の継承だったのである。そして、それゆえ、陽成天皇は、光孝天皇の孫の醍醐天皇と同じ世代に属することになるから、醍醐天皇の皇子たちが生きた時代には、醍醐天皇には先々代にあたる陽成天皇の皇子たちも、当たり前のように存命していたのであった。「三従兄弟」というのは、ほとんどの現代人にとって、全く馴染みのない言葉かもしれないが、醍醐天皇の皇子たちと陽成天皇の皇子たちとの親族関係（それぞれの曽祖父どうしが兄弟という関係）は、裁判所でも使えるような現代語では、「三従兄弟」と表現されることになる。

こうした次第であるから、実は、紫式部にとって、皇子というのは、それほどめずらしい存在でもなかった。彼女の生きた時代には、さすがに光孝天皇・宇多天皇の皇子は全て他界していたものの、醍醐天皇・陽成天皇の皇子も幾人かは健在であり、もちろん、村上天皇以降の天皇たちの皇子は、当たり前に存命中だったのである。紫式部と同じ時代を生きた皇子は、軽く三十人を上回ったはずで、視野を絞って『源氏物語』が起筆されたとされる長保三年（一〇〇一）の時点だけを見ても、十七人もの皇子たちが存在したのであった。

表6　陽成天皇（八六九～九四九）の皇子たち

名	生没年	官位	母
①源清蔭	元慶八年（八七七）～天暦四年（九五〇）	正三位大納言	母・紀某女
②源清鑒	？　～承平六年（九三六）	正三位大納言	母・伴某女
③元良親王	寛平二年（八九〇）～天暦六年（九五二）	三品兵部卿	母・藤原某女（主殿頭遠長女）
④元平親王	？　～天徳二年（九五八）	三品式部卿	母・藤原某女（主殿頭遠長女）
⑤元長親王	延喜元年（九〇一）～天延四年（九七六）	二品式部卿	母・姣子女王（是忠親王女）
⑥元利親王	？　～応和四年（九六四）	三品弾正尹	母・姣子女王（是忠親王女）
⑦源清遠	？　～長徳二年（九九六）	従三位参議	母・佐伯某女

表7　紫式部（九七〇？～一〇三〇？）と同じ時代を生きた皇子たち

名	生没年	出自	官位
元長親王	延喜元年（九〇一）～天延四年（九七六）	陽成天皇第五皇子	二品式部卿
源清遠	？　～長徳二年（九九六）	陽成天皇第七皇子	従三位参議
源高明	延喜一四年（九一四）～天元五年（九八三）	醍醐天皇第一〇皇子	正二位左大臣
兼明親王	延喜一四年（九一四）～永延元年（九八七）	醍醐天皇第一一皇子	一品中務卿
章明親王	延長二年（九二四）～正暦元年（九九〇）	醍醐天皇第一五皇子	二品弾正尹
盛明親王	延長六年（九二八）～寛和二年（九八六）	醍醐天皇第一八皇子	四品上野太守
広平親王	天暦四年（九五〇）～天禄二年（九七一）	村上天皇第一皇子	三品兵部卿・大宰帥
憲平親王	天暦四年（九五〇）～寛弘八年（一〇一一）	村上天皇第二皇子	冷泉天皇
致平親王	天暦五年（九五一）～長久二年（一〇四一）	村上天皇第三皇子	四品兵部卿
為平親王	天暦六年（九五二）～寛弘七年（一〇一〇）	村上天皇第四皇子	一品式部卿
昭平親王	天暦八年（九五四）～長和二年（一〇一三）	村上天皇第五皇子	四品常陸太守
守平親王	天徳三年（九五九）～正暦二年（九九一）	村上天皇第七皇子	円融天皇
具平親王	応和四年（九六四）～寛弘六年（一〇〇九）	村上天皇第八皇子	二品中務卿

永平親王	康保二年（九六五）～永延二年（九八八）	村上天皇第九皇子	四品兵部卿
師貞親王	安和元年（九六八）～寛弘五年（一〇〇八）	冷泉天皇第一皇子	花山天皇
居貞親王	天延四年（九七六）～寛仁元年（一〇一七）	冷泉天皇第二皇子	三条天皇
為尊親王	貞元二年（九七七）～長保四年（一〇〇二）	冷泉天皇第三皇子	二品弾正尹
敦道親王	天元四年（九八一）～寛弘四年（一〇〇七）	冷泉天皇第四皇子	三品大宰帥
懐仁親王	天元三年（九八〇）～寛弘八年（一〇一一）	円融天皇第一皇子	一条天皇
清仁親王	長徳四年（九九八）～長元三年（一〇三〇）	花山天皇第一皇子	四品弾正尹
昭登親王	長徳四年（九九八）～長元八年（一〇三五）	花山天皇第二皇子	四品中務卿
僧覚源	長保二年（一〇〇〇）～治暦元年（一〇六五）	花山天皇第三皇子	権僧正
僧深観	長保五年（一〇〇三）～永承五年（一〇五〇）	花山天皇第四皇子	権大僧都
敦康親王	長保元年（九九九）～寛仁二年（一〇一八）	一条天皇第一皇子	一品式部卿・准三宮
敦成親王	寛弘五年（一〇〇八）～長元九年（一〇三六）	一条天皇第二皇子	後一条天皇
敦良親王	寛弘六年（一〇〇九）～寛徳二年（一〇四五）	一条天皇第三皇子	後朱雀天皇
敦明親王	正暦五年（九九四）～永承六年（一〇五一）	三条天皇第一皇子	皇太子→准太上天皇
敦儀親王	長徳三年（九九七）～天喜二年（一〇五四）	三条天皇第二皇子	三品式部卿
敦平親王	長保元年（九九九）～永承四年（一〇四九）	三条天皇第三皇子	二品兵部卿
師明親王	寛弘二年（一〇〇五）～応徳二年（一〇八五）	三条天皇第四皇子	二品入道親王
敦貞親王	長和三年（一〇一四）～康平四年（一〇六一）	小一条院皇子	三品式部卿
僧行観	長和三年（一〇一三）～延久五年（一〇七三）	小一条院皇子	僧正
敦昌親王	？～？	小一条院皇子	
敦元親王	治安三年（一〇二三）～長元五年（一〇三二）	小一条院皇子	
源基平	万寿三年（一〇二六）～康平七年（一〇六四）	小一条院皇子	従二位参議
親仁親王	万寿二年（一〇二五）～治暦四年（一〇六八）	後朱雀天皇第一皇子	後冷泉天皇

ときに、本書の冒頭でも触れたように、王朝時代の史実として、更衣を母親とする皇子は、天皇になることがなかった。当時において天皇になったのは、皇后（中宮）もしくは女御を母親とする皇子だけだったのである。

皇子たちの間の格差

そして、同じ皇子たちの間に、こうした決定的な格差があったのは、女御と更衣とでは、その後ろ盾となる政治勢力の大きさが、格段に異なっていたからであった。

桐壺帝の後宮において女御たちを代表する存在となっているのは、「弘徽殿女御」として知られる女性であるが、彼女の父親は、右大臣の官職にあって、宮廷を二分する大勢力の一方の領袖となっていた。それゆえ、弘徽殿女御が産んだ桐壺帝第一皇子は、桐壺帝からの譲位によって朱雀帝として即位したとき、初めから彼を強力に支援する政治勢力を有していたのである。

これに対して、桐壺更衣の父親は、大納言に過ぎない。しかも、その大納言に過ぎない父親さえ亡くしていた桐壺更衣は、後ろ盾となる政治勢力など、全く持たない身であった。だから、もし、彼女が産んだ桐壺帝第二皇子が、源氏として臣籍に下ることなく、やがて即位して天皇になったとしても、その新帝には、彼を支える政治勢力など、どこにも存在しないはずであった。また、仮定に仮定を重ねて、もし、桐壺更衣の父親が健在であったとしても、大納言の率いる政治勢力では、新帝を支えることなど、まず無理な相談であった。その新帝は、早晩、朝廷で孤立して、退位を余儀なくされたに違いあるまい。

そして、弘徽殿女御と桐壺更衣との間に見られる後ろ盾の大きさの違いは、十分に王朝時代の史実を踏まえたものであった。史実として、冷泉天皇の時代以降には、そもそも更衣が存在しなくなるものの、村上天皇の時代までであれば、女御となり得たのは、皇女や皇子の娘（皇孫女）を除けば、摂関あるいは大臣の娘だけだったのであり、大納言以下の娘は、更衣にしかなれなかったのである。とすれば、更衣が産んだ皇子が天皇になったところで、ただただ朝廷を不安定にするだけで、誰の得にもならなかったに違いあるまい。更衣を母親とする皇子を天皇にしないというのは、世を挙げての智恵だったのである。

したがって、王朝時代の怨霊を代表する存在でもある、大納言藤原元方の怨霊などは、全く筋違いの怨みを抱いていたことになるだろうか。

元方の娘の祐姫は、村上天皇の更衣として、第一皇子の広平親王を産む。そして、第一皇子の外祖父となった元方は、その第一皇子が即位して天皇となる未来に、大きな希望を抱く。ところが、それからほどなく、右大臣藤原師輔の娘で村上天皇の女御であった安子が第二皇子の憲平親王を産み、しかも、その第二皇子が生後二ヶ月にして皇太子に立てられることになる。すると、『大鏡』の伝えるところ、自身の外孫にあたる第一皇子が即位の可能性を不当に奪われたと思い込む元方は、絶望と憤怒との中で悶死した末に、師輔・安子・憲平親王を苦しめる怨霊になるのであった。が、大納言の娘で更衣に過ぎない祐姫を母親とする広平親王には、即位の可能性など、初めからなかったはずなのである。

官職で身を飾る皇子たち

更衣を母親として生まれた皇子を待ち構えていた気の毒な現実は、天皇になれなかったことばかりではない。彼らは、あくまでも皇子であったにもかかわらず、基本的には、宮中で養育されることがなかったのである。彼らの養育の場となったのは、多くの場合、母親の実家であった。したがって、光源氏が内裏において桐壺帝の膝の上で育てられたという設定も、王朝時代の史実に抵触することになるが、ここでもまた、史実を無視した演出によって、桐壺帝の桐壺更衣への愛情の深さが表現されているのである。

また、こうした事情から、更衣を母親とする皇子たちは、生まれてすぐの養産はもちろんのこと、初めて袴を身に着ける儀式として三歳ほどで迎える着袴なども、母親の実家において、父親不在のままに経験しなければならなかった。光源氏の着袴が宮中において桐壺帝の主催で行われたというのは、もちろん、これも、帝の深い愛情を示す演出であって、史実に即した設定ではない。

それゆえ、更衣を母親とする皇子たちは、かなり大きくなるまで、父帝と対面することがなかった。大蔵卿源旧鑒の娘の更衣封子を母親として誕生した醍醐天皇第一皇子の克明親王などは、父帝と初めて対面したのは、七歳にもなってからのことだったのである。

ちなみに、藤原道長の曽祖父にあたる関白太政大臣藤原忠平の日記である『貞信公記』によれば、右の克明親王は、延喜九年（九〇九）八月二十四日、初めて父親の醍醐天皇と対面した折、三品の品階を与えられている。品階というのは、皇子・皇女のみに与えられた、一品から四品までの位であるが、その品階の授与は、どうやら、必ずしも母親が女御であるか更衣であるかということには左右されなかったらしい。もしかすると、品階には、皇子たちのそれぞれの人物というものが、それなりに表れているのかもしれない。

また、初めて対面した父帝から三品を授かった克明親王は、それと同時に、兵部卿に任命されてもいるのだが、こうした皇子の任官をめぐっても、母親が女御であるか更衣であるかということは、あまり関係なかったものと思われる。更衣を母親とする皇子たちも、何から何まで女御を母親とする皇子たちの後塵を拝したわけではなかったのである。

なお、王朝時代の皇子たちが帯びた官職を列挙するならば、中務卿・式部卿・兵部卿・弾正尹・大宰帥・上総太守・常陸太守・上野太守といったところであろうか。そして、これらを拝命した皇子は、「中務親王（中務卿親王）」「式部卿親王」「兵部卿親王」「弾正親王（尹親王）」「帥親王（大宰帥親王）」「上総親王」「常陸親王」「上野親王」などと呼ばれた他、「中務宮」「式部卿宮（式部宮）」「兵部卿宮（兵部宮）」「弾正宮（尹宮）」「帥宮」「上総宮」「常陸宮」「上野宮」などとも呼ばれたが、これらの呼称の中には、『源氏物語』の読者にはお馴染みのものも見えていよう。

ただ、物語の兵部卿宮や式部卿宮には、公務に従事している様子が全く見られないように、いずれの官職に就いた場合でも、皇子が律令に規定された職務を果たすことはなかった。皇子たちにとっては、朝廷の官職など、装飾品のようなものでしかなかったのである。

皇子たちの平均寿命

次いで、皇子たちの平均寿命を見てみよう。

あくまでも皇子たちの平均寿命ということで、天皇にならなかった皇子だけを対象として平均寿命を算出すると、四十二歳強となる。そして、これは、四十二歳という宇多天皇から後冷泉天皇までの十二代の天皇たちの平均寿命と、ほとんど変わるところがない。とすると、前節に見た王朝時代の天皇たちの短命ぶりは、天皇になったことに由来するのではなく、皇子として生まれたことに由来するのかもしれない。

なお、若くして源氏になったり僧侶になったりすることなく、ほぼ一生を皇子として過ごした皇子たちだけの平均寿命は、四十一歳強であって、少しばかり短命の傾向が強くなる。これに対して、人生の早い段階で源氏になったり僧侶になったりして皇族の籍を離れた皇子たちだけの平均寿命は、五十歳弱であって、短命の傾向が顕著に弱まることになる。五十二歳という光源氏の寿命は、こちらに近い。そして、ここからは、皇子として生きることが短命の原因であった、と見做すこともできそうだが、しかし、皇族の籍を離れた皇子の数が少ないため、右の統計だけで結論を出すのは、早計に過ぎるというものである。

とはいえ、王朝時代の天皇たちや皇子たちが短命であったのは、間違いなく、皇子として生まれたがゆえのことであったろう。しばしば、あまり根拠が定かではないながらも、王朝時代の人々の平均寿命は、五十歳ほどと見積もられたりするが、右に見た皇子たちの平均寿命は、この五十歳にも届かないのである。皇子たちの生活環境は、当然、王朝時代の人々の平均的な生活環境より、ずっと恵まれたものであったろうから、それにもかかわらず、皇子たちの寿命が短かったとすれば、その原因として考えられるのは、やはり、彼らが皇子として生まれたことだけとなる。

表8　王朝時代の皇子たちの寿命

斉中親王	宇多天皇第二皇子	七歳	広平親王	村上天皇第一皇子	二二歳
斉世親王	宇多天皇第三皇子	四二歳	致平親王	村上天皇第三皇子	九一歳
敦慶親王	宇多天皇第四皇子	四四歳	為平親王	村上天皇第四皇子	五九歳
敦実親王	宇多天皇第七皇子	七五歳	昭平親王	村上天皇第五皇子	六〇歳
行中親王	宇多天皇第八皇子	一三歳	昌平親王	村上天皇第六皇子	六歳
雅明親王	宇多天皇第九皇子	一〇歳	具平親王	村上天皇第八皇子	四六歳
行明親王	宇多天皇第一一皇子	二三歳	永平親王	村上天皇第九皇子	二四歳
克明親王	醍醐天皇第一皇子	二五歳	為尊親王	冷泉天皇第三皇子	二六歳
保明親王	醍醐天皇第二皇子	二一歳	敦道親王	冷泉天皇第四皇子	二七歳
代明親王	醍醐天皇第三皇子	三四歳	清仁親王	花山天皇第一皇子	三三歳
重明親王	醍醐天皇第四皇子	四九歳	昭登親王	花山天皇第二皇子	三八歳
常明親王	醍醐天皇第五皇子	三九歳	僧覚源	花山天皇第三皇子	六六歳
式明親王	醍醐天皇第六皇子	六〇歳	僧深観	花山天皇第四皇子	四八歳
有明親王	醍醐天皇第七皇子	五二歳	敦康親王	一条天皇第一皇子	二〇歳
時明親王	醍醐天皇第八皇子	一六歳	敦明親王	三条天皇第一皇子	五八歳
長明親王	醍醐天皇第九皇子	四一歳	敦儀親王	三条天皇第二皇子	五八歳
源高明	醍醐天皇第一〇皇子	七〇歳	敦平親王	三条天皇第三皇子	五一歳
兼明親王	醍醐天皇第一一皇子	七〇歳	師明親王	三条天皇第四皇子	八一歳
源自明	醍醐天皇第一二皇子	四一歳			
源允明	醍醐天皇第一三皇子	二四歳			
章明親王	醍醐天皇第一五皇子	六七歳			
盛明親王	醍醐天皇第一七皇子	五九歳			

※天皇にならなかった皇子だけを扱う。

ちなみに、前著『知るほど不思議な平安時代』で見たように、王朝時代の上級貴族の男性たちの平均寿命は、六十二歳ほどであった。上級貴族も、もちろん、生活環境に恵まれていたはずだが、しかし、上級貴族の生活環境が皇子の生活環境よりも格段に恵まれたものであったとは考えにくい。とすれば、皇子たちと上級貴族たちとの間に見られる平均寿命の差は、やはり、両者の生活環境にあるのではなく、両者の生まれにあるのだろう。

古代の天皇の家系は、長きに渡って、近親婚を繰り返していた。奈良時代の基礎を築いた天武天皇の皇后は、天武天皇が崩じた後、持統天皇となるが、この持統天皇は、天武天皇の兄の天智天皇の娘であって、つまりは、天武天皇の姪なのである。天皇の結婚をめぐっては、伯叔父と姪との結婚や伯叔母と甥との結婚など、当たり前とされていたのであった。それどころか、天皇の結婚となると、異母兄妹や異母姉弟の結婚さえもが容認されていた。平安時代初頭の平城天皇・嵯峨天皇・淳和天皇の三代の天皇たちは、その父親である桓武天皇の意向によって、それぞれ、異母姉妹を妃に迎えているのである。

王朝時代の皇子たちの短命ぶりは、こうした近親婚の歴史によってもたらされたものなのかもしれない。

王朝時代の皇子たちを見舞った近親婚の弊害は、短命になることだけではなかった。当時、ときに精神面に障害を持つ皇子や知的な障害を持つ皇子が誕生することがあったが、そうした障害もまた、天皇家の近親婚の歴史の遺産であったろう。

「痴れ者」の皇子

永平(ながひら)親王というのは、「宣耀殿女御(せんようでんのにょうご)」と呼ばれた藤原芳子(よしこ)を母親として生まれた村上天皇の皇子であるが、『栄花物語(えいがものがたり)』によれば、「御容貌(おんかたち)などは清(きよ)げに御(おわ)しけれど、御心(おんこころ)、極(きわ)めたる痴(し)れ者(もの)」であった。すなわち、この皇子は、それなりにうつくしい容姿を持っていたにもかかわらず、たいへんな知的障害を抱えていた、というのである。

永平親王が暮らしていたのは、宮中ではなく、母親の実家であったが、その頃、女御芳子の父親にして親王には外祖父にあたる左大臣師尹(さだいじんもろまさ)は既に亡く、芳子の実家の主となっていたのは、芳子の兄の大納言済時(なりとき)であった。そして、この済時は、その外伯父(そとおじ)として永平親王を後見(うしろみ)する立場にあったことから、あるとき、永平親王の存在を世にアピールするべく、自邸において、表向きには永平親王を主催者とした盛大な饗宴を開催する。

しかし、その饗宴が行われた日には、折悪しく、朝廷の政務がひどく立て込んでおり、済時から招待を受けた貴族たちの多くが、のんびりと宴席を楽しんでいられる状況にはなかった。とはいえ、彼らも、大納言ほどの地位にある人物の催す饗宴である以上、全く顔を出さないわけにもいかない。そこで、彼らの多くは、早めにおいとまするつもりで、とりあえずは済時邸に足を運ぶのであった。

　これに対して、何としても饗宴を盛り上げたい済時は、主要な客人たちが途中で帰るのを防ぐべく、形式上の主催者である永平親王に足止め役を任せようとする。そして、彼は、親王に向かって、「賓客（ひんきゃく）である上級貴族たちが、さっさと帰ろうとしたなら、『もうしばらく』などと言って、風情のある様子で引き留めてください（「さるべき上達部（かんだちめ）たち、早（と）く出（い）づるものならば、『暫（しば）し』など、をかしきさまに留（とど）めさせ給（たま）へ」）」と言うのである。

　しかし、饗宴がはじまり、やがて幾人かの客人たちが途中退席しはじめたとき、永平親王は、いざ帰ろうとする人々を前にしても、何も言葉が出ず、ただただ顔を赤くしてもじもじするばかりであった。そして、激しく混乱した親王は、ついには、無言で客人たちに把（つか）みかかったのである。すると、まだ一応は宴席に着いていた人々も含め、全ての客人たちが、皇子の狼藉（ろうぜき）に驚き、蜘蛛（くも）の子を散らすように逃げ去ってしまったのであった。

　この永平親王は、結局、二十四歳の若さで世を去るのだから、二重の意味で天皇家の近親婚の犠牲者であったことになるだろうか。

それに比べれば、冷泉天皇などは、しばしば狂人として語られるものの、六十二歳まで生きたのだから、まだ恵まれていたのだろう。しかも、冷泉天皇が狂っていたというのは、ただの誹謗中傷かもしれない。冷泉天皇の家系は、自己の利益しか考えない藤原道長によって、不当に皇統から排除されてしまうが、冷泉天皇の狂気を伝える最も古い史料は、道長の偉業を後世に伝えることを目的とする『栄花物語』および『大鏡』なのである。

皇子たちの給与収入

ところで、皇子というのは、ただ皇子であるというだけで、朝廷から給料をもらえることになっていた。それは、王朝時代においても基本法として機能した律令の規定するところであって、国家から皇子たちへの給料の支給は、奈良時代以来のことだったのである。

皇子にとって最も基本的な給料となるのは、品封であった。これは、庶民の一つの世帯が納める税がそのまま特定の皇子の給料になるという発想の給料である。ただ、この給料の仕組みは、本当に特定の庶民の世帯の納めた税が特定の皇子に渡されたわけではなく、モデルケースとして想定される一つの世帯（「封戸」）が納めるであろう税と同じだけの額面が、地方諸国の国司たちの手を経て、特定の皇子に支給されるというものであった。

この品封の支給額は、皇子たちそれぞれの品階に応じて異なったが、そもそも右に説明したような仕組みの給料であったため、その額は、基本的に、税を納める世帯が幾つであるかで示された。すなわち、律令の条文において、一品の皇子の品封は八〇〇戸、二品の皇子の品封は六〇〇戸、三品の皇子の品封は四〇〇戸、そして、四品の皇子の品封は三〇〇戸とされているのである。

なお、本来、無品の皇子は、品封を支給されないことになっていた。品封というのは、品階に応じて支給される給料であるから、品階を持たない皇子が品封を支給されないのは、当たり前といえば当たり前である。それゆえ、大宝律令の改訂版である養老律令においても、無品の皇子に品封が支給されないという規定は、そのままであった。が、おそらくは、この規定によって無残なことになった無品の皇子がいたのだろう、王朝時代には、たとえ無品の皇子であっても、二〇〇戸の品封の支給を受けられるようになっていた。

また、周知の如く、律令国家の税には、租・調・庸などがあったため、品封は、本来、稲・絹・麻布・鉄などの多様な物品として、皇子たちのもとに届くはずであったが、王朝時代の品封は、普通、全て米として皇子たちに渡された。ここには、品封支給の実務を担う国司たちの都合があったのみならず、受け取る側の皇子たちの都合もあったのだろう。例えば、調として鉄などを納入されたところで、皇子たちには、これを売却する手間が発生するばかりだったのである。その点、朝廷の発行した銭ではなく、米こそが、最も信頼性の高い貨幣として流通していた王朝時代には、品封の全てを米として手にできることは、皇子たちにも、実に都合のいいことであった。

この場合、一品の八〇〇戸の品封は米二〇〇〇石となり、二品の六〇〇戸の品封は米一五〇〇石となり、三品の四〇〇戸の品封は米一〇〇〇石となり、四品の三〇〇戸の品封は米七五〇石となり、無品の二〇〇戸の品封は米五〇〇石となる。そして、これらは、王朝時代当時、貴族層の人々にも、かなり大きな収入であった。紫式部の父親の藤原為時も、清少納言の父親の清原元輔も、五位の位階を持つ中級貴族として人生を終えたように、当時の貴族層の大多数にとって、五位に昇ることができれば、それは十分な出世であったが、その五位の貴族が朝廷から支給される給料は、米にして四〇〇石ほどだったのである。

上級貴族ほどの贅沢ができない皇子たち

詳しくは前著『知るほど不思議な平安時代』に譲るが、王朝時代に平安京で暮らして単純労働に従事していた庶民男性の年俸は、米にして三・六石というところであった。とすると、当時、無品の皇子でさえ、庶民の一四〇倍ほどの年俸を得ていたことになる。また、これと同様に品階を持つ皇子たちの年俸を庶民の年俸と比較するならば、四品の皇子で二一〇倍ほど、三品の皇子で二八〇倍ほど、そして、二品の皇子で四二〇倍ほどとなる。さらに、一品の皇子ともなると、その年俸は、庶民の年俸の五六〇倍ほどにもなるのである。

このように見ることで、皇子たちの贅沢な暮らしぶりが想像されようか。確かに、これを現代の日本の話に置き換えて、庶民の年俸を仮に三六〇万円と想定した場合、その五六〇倍は二〇億一六〇〇万円になり、一四〇倍でも五億四〇〇〇万円にもなるのである。正直なところ、著者には、年俸が五億円を超える大金持ちたちの暮らしぶりなど、全く想像できないのだが、それが贅沢なものであることだけは、まず間違いあるまい。

とはいえ、王朝時代においては、皇子たちの享受していた贅沢は、けっしてトップクラスの贅沢ではなかった。

先ほど、五位の貴族の年俸では、無品の皇子の年俸にも及ばないことを見たが、しかし、これが四位（しい）の貴族の年俸ともなると、無品の皇子の年俸はもちろん、四品の皇子の年俸をも、幾らか上回ってしまう。四位の貴族の年俸は、米八〇〇石ほどにもなったのである。したがって、皇子であっても、少なくとも三品の品階を持たなければ、四位の位階にある中級貴族よりも贅沢な暮らしをすることはできなかったことになろう。

そして、相手が大臣を務める上級貴族ともなると、皇子たちには、もはや、全く太刀打ちのしようがなかった。というのも、これも詳細は前著に譲るが、正二位(しょうにい)の位階を持つ左大臣の年俸は、米七四〇〇石にもなったからである。この数字を見せられてしまっては、一品の皇子の年俸でさえも、さして大きく感じられなくなってしまうのではないだろうか。そして、一品の皇子の三・七倍もの年俸を得ていた正二位の左大臣は、一品の皇子の三・七倍も贅沢な暮らしを送っていたのかもしれない。

とすると、最愛の皇子を源氏として臣籍に下した桐壺帝は、実に適切な判断を下したことになるのではないだろうか。桐壺帝が桐壺更衣の産んだ皇子を源氏にしたのは、その皇子が無品の皇子として苦労する未来を予見してのことであったが、そうして皇族の籍を離れた光源氏は、二十八歳にして早くも権大納言(ごんのだいなごん)へと昇進するのであり、これによって米三五〇〇石以上の年俸を得る身となるのである。

これに対して、四品の皇子であった永平親王などは、親王に財力を持たせようとする外伯父の藤原済時の指示で、朱雀天皇の遺産の全てを相続したために富裕で知られた昌子内親王(まさこないしんのう)の養子になろうとする。が、『栄花物語』によると、彼は、例の「痴れ者(しれもの)」ぶりを発揮して、正月の挨拶のために訪問したときに、それ以前の病気見舞いの折に褒められた、病人に対する挨拶を繰り返して、内親王にすっかり見限られるのであった。

気楽な上皇

上皇は幸福だった

『源氏物語』が世に出た頃の天皇といえば、一条天皇である。しばしば『枕草子』に登場して若い頃から漢学に優れていたことを印象付ける一条天皇は、当然、歴史にも造詣が深く、『紫式部日記』によると、おそらくは内女房の朗読で『源氏物語』を楽しんでいたとき、この新しい物語には史実が巧みに織り込まれていることに気付き、ずいぶん感心していたのだという。そのおかげで、作者の紫式部は、彼女を妬む内女房の一人によって「日本紀の御局（歴史オタクの女房殿）」という迷惑な異名を付けられたりもしたのだが。

そんな一条天皇の父親は、円融天皇であるが、この天皇は、実に気の毒な天皇であった。

一条天皇には、兄弟もいなければ、姉妹もいない。彼は、王朝時代の天皇には稀な、一人っ子の天皇なのである。そして、一条天皇を産んだのは、女御（にょうご）の藤原詮子（あきこ）であったが、この事実こそが、円融天皇の不幸の元凶であった。というのも、円融天皇は、詮子の父親の右大臣兼家（うだいじんかねいえ）とは、ひどく折り合いが悪かったからに他ならない。

円融天皇を嫌う兼家は、娘の詮子が皇子（おうじ）を産むと、その皇子を円融天皇に会わせることを、かなり徹底して拒否した。それゆえ、円融天皇は、在位中、数えるほども一人息子に会うことができなかったという。が、兼家は、ただの嫌がらせとして円融天皇に皇子の顔を見せなかったわけではない。兼家が望んでいたのは、自身の外孫にあたる皇子を一日も早く即位させて、自身の外孫である天皇の摂政として権力を掌握することだったのであり、この野望のために、円融天皇には一日も早く退位してもらうことだったのである。だから、皇子の秘匿は、兼家にしてみれば、円融天皇との政争であった。

そして、円融天皇は、皇子を人質とした兼家の恫喝（どうかつ）に屈してしまう。気の毒な天皇は、一人息子に会いたい一心で、兼家の望むままに、退位して上皇となったのである。

ところが、円融上皇はといえば、何とも幸せそうな上皇であった。彼は、不本意なかたちで玉座を降りたにもかかわらず、その後の生活を、たいそう楽しんだのである。

『小右記』というのは、円融天皇（円融上皇）の側近であった藤原実資の日記であるが、これには、円融上皇の楽しそうな日々が記録されている。同記に見える円融上皇は、望むままに一人息子と会うことができるようになっただけではなく、かつては嫌い合っていた兼家から、まさに手のひらを返したように、大切に扱われるようになってもいたのであった。

　殊に、寛和元年（九八五）春の『小右記』には、円融上皇主催の饗宴の記事が散見される。その頃の上皇は、平安京内の離宮で、自ら発願して建立した円融寺で、また、平安京北郊の紫野で、頻繁に盛大な饗宴を催しては、大いに楽しんでいたのである。『今昔物語集』は、歌人の曽禰好忠が饗宴の場で殿上人たちに袋叩きにされたことを伝えるが、これなども、円融上皇が紫野で催した野宴をめぐる逸話なのである。

　また、この紫野の宴席も含めて、その頃の兼家は、円融上皇との友好関係を望み、せっせと上皇の饗宴に参加していた。そして、そんな兼家は、件の野宴の数日後、ついには、上皇が饗宴を開く場として、自らの私邸を提供したりもしたのであった。

遊興三昧の上皇

　上皇となって以降、存分に人生を謳歌したのは、円融上皇だけではない。

陽成天皇というと、平安時代前期の終わり頃の天皇であって、王朝時代＝平安時代中期の天皇ではない。が、陽成上皇はというと、享年八十二歳にして崩じたのは天暦三年（九四九）のことであって、間違いなく、王朝時代の上皇であった。「天暦の治」で知られる天暦は、村上天皇の治世の年号である。陽成天皇は、わずか十七歳で関白藤原基経によって玉座を追われた後、六十五年もの長きに渡って、上皇としての人生を送ったのであった。

そんな陽成上皇は、長過ぎるほどに長い余生を、かなり熱心に遊び暮らした。例えば、六国史の最後となる『日本三代実録』は、仁和三年（八八七）五月十四日の出来事を次のように伝えるが、ここには、流鏑馬や競馬に興じようと、皇子たちや上級貴族たちを動員する年若い上皇（「太上天皇」）の姿が見られよう。

太上天皇の北辺の馬埒亭に於いて騎射・競馬を観覧す。親王・公卿は、各に装馬を献りて以て競走に備ふ。王公以下の畢はりて会す。

（陽成上皇は、平安京北辺に位置する別邸の馬埒亭の馬場にて、流鏑馬や競馬をご覧になった。皇子たちや上級貴族たちは、それぞれ、鞍や鐙などをきちんと装備した駿馬を献上して、上皇主催の競馬に協力した。また、皇子たちや上級貴族たちは、流鏑馬や競馬が終わると、上皇が馬埒亭に用意した宴席に着いた。）

また、陽成上皇は、盛んに鷹狩を行った。鷹狩というのは、この国の歴史を通じて多くの権力者たちが好んだ狩猟であり、十分に飼い慣らした鷹にウサギのような小動物や雉のような野鳥を捕らえさせるというものである。そして、専用の狩場まで持っていた陽成上皇は、鷹狩を存分に楽しんだのであったが、その狩場は、次に引く『日本三代実録』仁和三年五月二十八日条に明らかなように、光孝天皇によって用意されたものであった。

勅すらく、「山城国乙訓郡大原野を以て太上天皇の遊猟の地と為す」と。

（光孝天皇が勅命を下しておっしゃるには、「山城国乙訓郡の大原野を、陽成上皇専用の狩猟の地とする」とのことであった。）

これも日本の歴史を通じてのこととして、鷹狩を愛好する権力者たちは、一定の山野を自身の専用の狩場と定めて、人々の立ち入りを禁止した。もちろん、それは、権力者が鷹狩を楽しむためのものであって、大多数の人々にとっては、何ら利益にならない、それどころか、ただ迷惑なだけの、厄介な措置であった。しかし、何かと陽成上皇に同情的であった光孝天皇は、おそらくは上皇を慰めるべく、専用の狩場を提供した。光孝天皇は、建前としては陽成上皇からの譲位によって即位したという立場に置かれていたのである。

そして、こうした陽成上皇の遊興三昧の生活は、後年まで続けられた。『扶桑略記』によれば、延長六年（九二八）十二月五日、醍醐天皇の大原野への行幸の行列には、六十歳の陽成上皇の姿もあったのである。また、『日本紀略』によれば、天慶二年（九三九）五月六日、七十一歳の陽成上皇が自邸において行ったのは、競馬の催しであった。

上皇という存在

ところで、上皇とは、いかなる存在であろうか。確かに、玉座を降りた元天皇が上皇であるというのは、常識に属することであろう。しかし、その元天皇としての上皇という存在には、どのような法的根拠があるのだろうか。

このあたりを確かにするべく律令を見ていくと、朝廷の儀式について定める儀制令の中に、天皇の呼称を規定するものとして、次のような条文を見付けることができる。

> 「天子」祭祀に称する所なり。「天皇」詔書に称する所なり。「皇帝」華夷に称する所なり。「陛下」上表に称する所なり。「太上天皇」譲位の帝に称する所なり。「乗輿」服御に称する所なり。「車駕」行幸に称する所なり。

これによると、現に玉座にある天皇に対しては、祭祀の場では「天子」、勅命を伝える命令書の中では「天皇」、異国との外交の場では「皇帝」、そして、臣下が奏上する文書の中では「陛下」など、脈絡に応じて幾つかの呼称が使い分けられなければならない。しかも、天皇のことを遠回しに言おうとすれば、「乗輿」「車駕」といった呼称が用いられなければならないという。

そして、こうした規定の中で、帝位を退いた天皇（「譲位の帝」）は「太上天皇」と呼ばれなければならない旨が定められているが、これこそが、上皇という存在の法的な根拠となる。どうやら、律令は、天皇を終身の存在と考えてはいなかったようで、生前に退位する天皇が出ることを想定して、その呼称を決めてさえいたのであった。そして、律令の定めるところ、「太上天皇」というのが、帝位を退いた天皇（「譲位の帝」）に奉られるべき呼称であり、これを略したものが、「上皇」という呼称なのである。

さらに、上皇をめぐっては、同じく儀制令の次の条文にも眼を留めておく必要がある。

凡そ、皇后・皇太子以下、率土の内は、天皇・太上天皇に上表するに、同じく「臣」「妾」に名を称せ。対揚するには名のみを称せ。

〈皇后・皇太子をはじめ、庶民に至るまでの日本国中の人々は、天皇および上皇に文書で奏上するにあたっては、男は「臣」を付けて名告り、女は「妾」を付けて名告れ〈御前において直接に口頭で奏上するときには、「臣」「妾」を付けずに、ただ名のみを名告れ〉。〉

これは、その趣旨からすると、天皇や上皇への奏上にあたっての臣下の名告りについての規定なのだが、実は、ここには、附随的にではあるものの、天皇と上皇との関係が示されている。すなわち、「天皇・太上天皇に上表するに」という部分から、律令が上皇を天皇よりも下位の存在と位置付けていることが知られるのである。

所謂「院政」を典型として、歴史の中では、しばしば上皇が天皇よりも上位の存在であるかのような事象も見られたが、その多くは、父親あるいは祖父という立場の上皇が、息子もしくは孫という立場の天皇を従えていたに過ぎない。法に従うならば、上皇というのは、皇后や皇太子よりは上位の存在であっても、天皇よりは下位の存在なのであった。

天皇と上皇

王朝時代の天皇たちは、新しい年を迎えると、ときに「朝覲行幸」と呼ばれる行幸を行った。これは、天皇がその両親に挨拶をするための行幸であるが、ここに明らかなように、当時の倫理観では、天皇といえども、両親よりは下位の存在だったのである。そして、この倫理観のゆえに、やがて「院政」と呼ばれる政治体制が生まれることになるのであった。

しかし、その背景にあった倫理観が右の如きものであったため、朝覲行幸が毎年正月の定例行事となることはなかった。すなわち、世にある上皇が天皇の父親にあたる人物ではない場合、正月を迎えても、朝覲行幸は行われなかったのである。

事実、一条天皇の場合、父親の円融上皇が円融法皇となった後に崩じてしまい、母親の東三条院(ひがしさんじょういん)藤原詮子も崩じてしまうと、それ以降には、冷泉(れいぜい)上皇・花山(かざん)法皇と、二人もの上皇（法皇）が健在であったものの、朝覲行幸を行うことはなかった。冷泉上皇は、一条天皇にとって、父方の伯父(おじ)ではあっても、父親ではないのである。花山法皇などは、一条天皇にとって、従兄(いとこ)の一人でしかなかった。

ついでながら、上皇は、けっして、一人しかいないというものではない。天皇というのは、唯一無二の存在であったが、元天皇である上皇は、同時に幾人でも存在し得たのであ

表9　王朝時代の上皇たち

上皇	退位	崩御	御所
陽成上皇	元慶八年（八八四）退位　一七歳	天暦三年（九四九）崩御　八一歳	御所・陽成院（二条院）→冷然院
宇多上皇	寛平九年（八九七）退位　三一歳	承平元年（九三一）崩御　六五歳	御所・朱雀院→亭子院
朱雀上皇	天慶九年（九四六）退位　二四歳	天暦六年（九五二）崩御　三〇歳	御所・朱雀院
冷泉上皇	安和二年（九六九）退位　二〇歳	寛弘八年（一〇一一）崩御　六二歳	御所・冷泉院
円融上皇	永観二年（九八四）退位　二六歳	正暦二年（九九一）崩御　三三歳	御所・堀河院→朱雀院→円融寺
花山法皇	寛和二年（九八六）退位　一九歳	寛弘五年（一〇〇八）崩御　四一歳	御所・花山院
三条上皇	長和五年（一〇一六）退位　四一歳	寛仁元年（一〇一七）崩御　四二歳	御所・三条院

り、一条天皇が即位して間もない頃などは、円融法皇・冷泉上皇・花山法皇と、三人もの上皇（法皇）たちがともに世にあったのである。

ときに、われわれ現代人が当たり前のように使っている天皇たちの呼称であるが、それらの多くは、それぞれの天皇が退位して上皇となってからの御所に由来する。

例えば、冷泉天皇の場合、退位して上皇となってからは、「冷泉院（れいぜいいん）」と呼ばれる平安京内の離宮を御所としたことで、彼自身も「冷泉院」と呼ばれるようになり、やがて、この呼称が時間をさかのぼって用いられるようになって、歴史上の人物としては「冷泉天皇」と呼ばれることになったのである。したがって、冷泉天皇は、現に天皇であった頃には、「冷泉天皇」などとは全く呼ばれていない。

また、円融天皇の場合、退位してしばらく後、出家して僧侶となると、自身の発願（ほつがん）で建立した円融寺を御所としたため、まずは「円融寺の法皇」を意味する「円融院（えんゆういん）」という呼称で呼ばれるようになったのであって、やがては、この呼称が時間をさかのぼって用いられるようになり、歴史上の人物としては「円融天皇」と呼ばれることになったのであった。もちろん、円融天皇も、玉座にあった頃には、「円融天皇」などと呼ばれていたわけがない。

ただ、一条天皇の場合は、もう少し事情が複雑であった。崩御の直前にほんの数日だけ上皇となっていた彼は、その間、一条大路と東大宮大路とに面した邸宅を御所としていたのであったが、その邸宅が「一条院」と呼ばれるとともに「大宮院」とも呼ばれていたために、彼自身も、崩御からしばらくは、「一条院」とも「大宮院」とも呼ばれていたのであった。それゆえ、歴史の気まぐれによっては、われわれは、この天皇のことを、「一条天皇」とは呼ばずに、「大宮天皇」と呼んでいたかもしれないのである。

上皇が見せる謙譲の美徳

宇多天皇が醍醐天皇に譲位した直後、新帝の醍醐天皇と先帝の宇多天皇との間には、実に面倒くさい、何とも日本人らしいやり取りがあった。

宇多天皇が退位したのは、寛平九年（八九七）の七月三日のことであったが、史書の『日本紀略』は、それから数日後の同十日の出来事を、次のように伝える。

詔すらく、「『太上天皇』の尊号を先皇に上る」と。

（醍醐天皇が詔勅を下しておっしゃるには、「『太上天皇』という尊号を先帝〈宇多天皇〉に奉る」とのことであった。）

既に見たように、退位した元天皇が「太上天皇」と呼ばれるというのは、本来、律令に定められたことであったが、どうやら、王朝時代には、この尊号を新帝が先帝に奉るという儀式めいた習慣が成立していたらしい。そして、儀式というのは、とにかく面倒くさくやたらと形式ばかりを重んじるものであるから、太上天皇号奉呈（ほうてい）の儀式も、ただ新帝から先帝への奉呈があるだけでは終わらなかった。『日本紀略』によると、右の儀式は、次の如く、同十四日まで続いていたのである。

太上天皇（だいじょうてんのう）の書（ふみ）を上（たてまつ）りて尊号（そんごう）を辞（じ）す。天皇も状（ふみ）を上（たてまつ）りて之（これ）を許（ゆる）さず。上皇（じょうこう）の又（また）も書（ふみ）を上（たてまつ）る。

（宇多上皇が書状を醍醐天皇に奉って尊号を辞退した。天皇も書状を上皇に奉って辞退を認めなかった。そこで、上皇は再び天皇に書状を奉った。）

王朝時代に習慣化していた太上天皇号奉呈の儀式では、新帝から先帝へと尊号が奉呈されると、先帝は必ず尊号を辞退し、しかし、新帝は辞退することを認めず、そこで先帝は再び辞退の意志を表明するものであり、そして、このやり取りが幾度か繰り返された後、結局は先帝が恭（うやうや）しく尊号を受け容れることになっていたのだろう。現代でも、居酒屋のレジの前で「ここは私が」「いやいや、私が」とやり合っている紳士たちを見かけることがあるが、日本人の予定調和の謙譲の美徳は、長い長い歴史を持っているのである。

しかし、尊号の件が片付いても、新帝と先帝との間の儀式めいたやり取りは終わらない。

『日本紀略』は、同十五日の出来事を、次のように伝える。

> 太上天皇の又も手づから書きて云ふやう、「封戸に至りては、惣てを受くる所には非ず。諸衛の分直も亦、皆も停むべし」と。

これによると、まず、王朝時代の上皇は、天皇から、生活費（「封戸」）および護衛の兵員（「諸衛の分直」）を与えられることになっていたらしい。ここに「封戸」と呼ばれているものは、皇子たちが朝廷から品封として与えられていたものと同じである。したがって、上皇もまた、朝廷から給料をもらう存在であったことになる。また、「諸衛の分直」と呼ばれる護衛の兵員は、王朝文学でもお馴染みの言い方をするならば、要するに、随身である。

しかし、右の『日本紀略』によると、給料や随身をめぐっても、上皇は、これらを辞退するものであったらしい。とはいえ、おそらくは、あくまでも辞退するふりであって、結局は受け容れたのだろう。ここでも、予定調和の謙譲の美徳が求められたのであった。

厚遇される上皇

右に見たように、王朝時代の上皇は、封戸という給料のかたちで、朝廷から生活費を支給されることになっていたが、その額面は、どれほどのものだったのだろうか。

『日本三代実録』には、元慶元年（八七七）三月十九日の出来事が次のように記されているが、これによれば、陽成天皇が不本意ながら上皇となったときには、光孝天皇の朝廷は、上皇の封戸を二〇〇〇戸と定めたようである。

　太上天皇に封二千戸を充て奉る。

二〇〇〇戸の封戸を全て米に換算するならば、五〇〇〇〇石にもなる。前節で見たように、一品の皇子の品封が八〇〇戸（＝米二〇〇〇〇石）であったから、陽成上皇には、最も厚遇される皇子の二倍以上の待遇が与えられていたことになろう。

　しかも、この上皇の封戸は、遅くとも村上天皇の時代までに、三〇〇〇戸に増額されて、その額で固定されるようになっていたらしい。というのも、『新抄格勅符抄』という法令集の「康保三年十一月二日写了」の奥書を持つ写本には、上皇・皇后・皇太子の封戸をはじめ、皇子たちの品封や貴族たちの位封・職封など、さまざまな封戸についての覚え書きが見えるのだが、この覚え書きにおいて、太上天皇の封戸は三〇〇〇戸とされているからである。上皇の待遇は、一品の皇子のそれの四倍に近いところにまで拡充されたのであった。

　この三〇〇〇戸の封戸は、米七五〇〇〇石に換算されることになるが、米七五〇〇〇石というと、前節に見た正二位の左大臣の年俸を少しばかり上回ることになる。また、前節では、一品の皇子の封戸八〇〇戸（＝米二〇〇〇石）を、現代日本での収入としては二〇億一六〇〇万円に相当するとの試算をしたが、その折の計算を援用するならば、上皇に与えられる封戸三〇〇〇戸（＝米七五〇〇石）は、われわれにとっては、七五億六〇〇〇万円にもなるのである。

さらに、村上天皇の治世よりも後の上皇たちには、朝廷から、給というものも与えられていた。王朝時代に「給」と呼ばれたのは、簡単に言えば、任官を推挙する権利であるが、これを朝廷から与えられた者は、任意の誰かを一定の官職に推挙することができたのであり、さらに言うならば、任意の誰かに一定の官職を売ったり与えたりすることができたのである。したがって、給というのは、身も蓋もない言い方をするならば、任意の誰かに官職を売ったり与えたりする権利であった。

この給を与えられていたのは、けっして上皇だけではない。主要な皇族たちや摂関をはじめとする上級貴族たちもまた、給を与えられていたのである。ただ、ほとんどの場合、給の対象となる官職は、四等官制の長官・次官・判官・主典のうちの、判官から下の下級官職だけであったが、上皇には、何と、国司の長官を対象とする給さえもが与えられていた。国司の長官とは、すなわち、国守であって、これを対象とする給を与えられるというのは、たいへんな高待遇であろう。そして、王朝時代に「院分」「院分受領」と呼ばれたのは、この上皇に与えられた受領国司を対象とする給に他ならない。

准太上天皇という身分

このようにあれこれと優遇された上皇（太上天皇）であるが、王朝時代には、この上皇に准じた待遇を受けることができる「准太上天皇」と呼ばれる身分が新たに創り出される。それは、天皇ではなかった人物にも、上皇が受けるのと同じ待遇を受けさせることができるという、何とも使い勝手のいい身分である。

この准太上天皇の身分は、『源氏物語』においても、実に巧みに利用されている。光源氏と藤壺中宮との間に生まれた男児は、出生の秘密を隠されたまま、あくまでも桐壺帝の第十皇子として育てられて、ついには冷泉帝として即位する。しかし、そんな冷泉帝も、かつて藤壺中宮の夜居僧であった僧侶の告白によって、ついに自分の本当の父親が光源氏であることを知ってしまう。そして、彼は、実の父親を臣下の一人として扱ってきたことに対する罪悪感に苦しみ、光源氏に帝位を譲ることとさえ考える。が、それが無理であることを悟った冷泉帝は、結局、光源氏に准太上天皇の身分を与え、これによって、どうにか自身を苦しめる罪悪感と折り合いを付けるのであった。

晩年の光源氏は、世に「院」と呼ばれるが、これは、彼が准太上天皇となったからである。退位した桐壺帝が「院」と呼ばれたように、上皇は、世に「院」と呼ばれるものであった。実在の上皇たちや法皇たちも、普通には、「上皇」「法皇」とは呼ばれずに、「院」と呼ばれていたのであり、それゆえ、准太上天皇もまた、「院」と呼ばれたのである。

しかし、現実の王朝時代において、最初に准太上天皇となったのは、皇族出身の男性ではなく、藤原氏の女性であった。すなわち、一条天皇の母親であり、円融天皇の女御であった、藤原兼家の娘の藤原詮子こそが、史上初の准太上天皇だったのである。そして、正暦二年（九九一）に准太上天皇となった彼女は、女性の院（＝上皇）として、「女院」と呼ばれ、また、彼女の公式の里邸が兼家の東三条殿第であったために、「東三条院」とも呼ばれた。

もちろん、これは、詮子の兄で一条天皇の摂政となっていた道隆が、自身の権威を高めるために、ゴリ押しで実現させたことである。その手腕は、さまざまに悪辣な策を弄して一条天皇の摂政・関白となった兼家の後継者として、いかにもというところであろう。

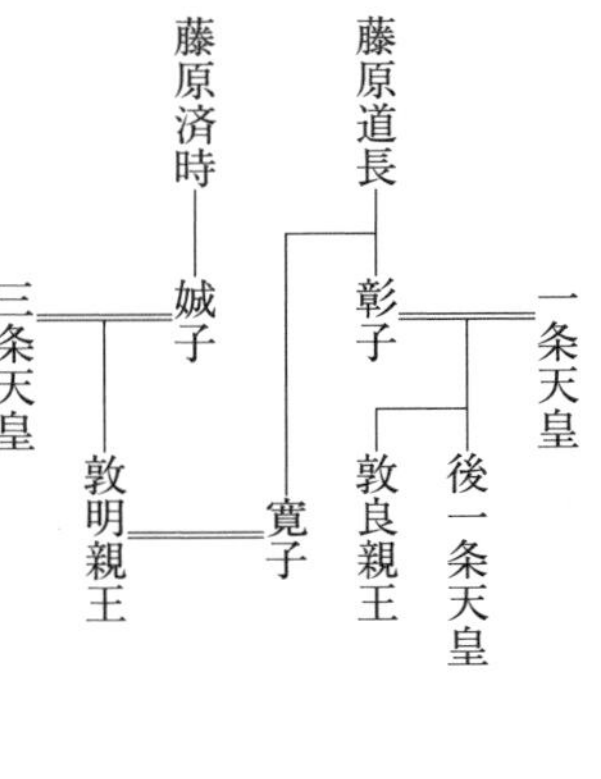

図8　敦明親王を中心とする人物関係図

これに対して、男性で初めて准太上天皇となったのは、文句なしの皇族であった。三条天皇第一皇子の敦明親王こそが、寛仁元年（一〇一七）、「小一条院」として、史上初の男性の准太上天皇となったのである。この敦明親王は、一度は皇太子に立てられたこともあったから、右の詮子などよりも、はるかに准太上天皇となるにふさわしい立場にあった。

ただ、後一条天皇が敦明親王を准太上天皇としたのは、明らかに、玉座を譲ることの代替措置であった。敦明親王は、後一条天皇の皇太子であったものの、後一条天皇の弟の敦良親王に譲るべく、自ら皇太子を辞めていたのであり、それゆえに准太上天皇の身分を獲得したのである。が、そうした判断を、当時は十歳の子供に過ぎない後一条天皇が下したはずがない。後一条天皇・敦良親王の外祖父にして摂政の地位にあった藤原道長が、長期政権の樹立を目論んで、敦明親王の皇太子辞退も含め、全てを動かしていたのである。

皇女たちの王朝時代

結婚できない皇女

結婚は皇女の幸せか

『源氏物語』に登場する皇女(おうじょ)たちは、あまり幸せそうではない。そして、彼女たちの不幸せは、結婚に由来しているように思われる。

朱雀帝(すざくてい)の第三皇女の女三(おんなさん)の宮(みや)は、父帝が退位して朱雀院(すざくいん)となってから、彼女には叔父(おじ)にあたる光源氏と結婚する。その頃の光源氏は臣籍(しんせき)に降下した身であったが、朱雀院としては、光源氏の他には、愛娘を安心して託せる相手がいなかったのである。しかし、女三の宮も、光源氏と結婚していなければ、仮に宮中において柏木(かしわぎ)との間に密通事件を起こしたとしても、若くして出家するなどという結末を迎えることはなかったのではないだろうか。

それは、藤壺中宮も同様であったろう。彼女は、桐壺帝の皇后（中宮）でありながら、光源氏と関係を持ち、しかも、光源氏を父親とする男児を産んで、その子を桐壺帝の皇子と偽り続けたために、終生、罪悪感に苛まれることになる。が、そんな彼女でも、そもそも、桐壺帝のもとに入内していなければ、仮に光源氏と男女の関係になって子を儲けることがあったとしても、それは、むしろ、幸福な人生となっていたかもしれないのである。

また、大宮も、少なくとも晩年においては、ずいぶんと不幸せそうであったが、彼女の不幸もまた、結婚を遠因としていたのではないだろうか。大宮というのは、光源氏の正妻となった葵の上や光源氏の親友であった頭中将の母親であり、左大臣の正妻であるが、彼女は、桐壺帝の妹宮であって、皇女なのである。彼女が物語の中で「大宮」と呼ばれているのも、皇女の身にあるからに他ならない。そして、そんな大宮の不幸というのは、溺愛していた葵の上を失ったことと、信頼していた頭中将に晩年になって裏切られたことであった。いずれも、確かに、結婚していなければ味わわずに済んだはずの不幸であろう。

さらに、女三の宮の姉宮で朱雀帝第二皇女の落葉の宮は、夫に全く相手にされないという不幸な結婚生活を経験する。彼女が読者たちの間で「落葉の宮」と呼ばれるのは、最初

表10　紫式部（九七〇?〜一〇三〇?）と同じ時代を生きた皇女たち

成子内親王	?〜天元元年（九七八）	宇多天皇第五皇女	四品
季子内親王	?〜天元二年（九七九）	宇多天皇第九皇女	四品
都子内親王	延喜五年（九〇五）〜天元四年（九八一）	醍醐天皇第七皇女	無品
昌子内親王	天暦四年（九五〇）〜長保元年（九九九）	朱雀天皇第一皇女	三品　冷泉天皇皇后
保子内親王	天暦三年（九四九）〜永延元年（九八七）	村上天皇第三皇女	藤原兼家室
規子内親王	天暦三年（九四九）〜寛和二年（九八六）	村上天皇第四皇女	無品（伊勢斎宮）
盛子内親王	?〜長徳四年（九九八）	村上天皇第五皇女	藤原顕光室
楽子内親王	天暦六年（九五二）〜長徳四年（九九八）	村上天皇第六皇女	（伊勢斎宮）
輔子内親王	天暦七年（九五三）〜正暦三年（九九二）	村上天皇第七皇女	二品（伊勢斎宮）
緝子内親王	?〜天禄元年（九七〇）	村上天皇第八皇女	無品
資子内親王	天暦九年（九五五）〜長和四年（一〇一五）	村上天皇第九皇女	一品准三后
選子内親王	康保元年（九六四）〜長元八年（一〇三五）	村上天皇第一〇皇女	一品（賀茂斎院）
宗子内親王	康保元年（九六四）〜寛和二年（九八六）	冷泉天皇第一皇女	二品
尊子内親王	康保三年（九六六）〜寛和元年（九八五）	冷泉天皇第二皇女	二品（賀茂斎院）→円融天皇女御
光子内親王	天延元年（九七三）〜天延三年（九七五）	冷泉天皇第三皇女	
某女	?〜寛弘末年	花山天皇第一皇女	（皇女として認知されず）
某女	?〜寛弘末年	花山天皇第二皇女	（皇女として認知されず）
某女	?〜寛弘末年	花山天皇第三皇女	（皇女として認知されず）
某女	?〜治安四年（一〇二四）	花山天皇第四皇女	（皇女として認知されず）
脩子内親王	長徳二年（九九六）〜永承四年（一〇四九）	一条天皇第一皇女	一品准三后

媄子内親王	長保二年（一〇〇〇）～寛弘五年（一〇〇八）	一条天皇第二皇女	
当子内親王	長保三年（一〇〇一）～治安二年（一〇二二）	三条天皇第一皇女	無品（伊勢斎宮）
禔子内親王	長保五年（一〇〇三）～永承三年（一〇四八）	三条天皇第二皇女	三品　藤原教通室
禎子内親王	長和二年（一〇一三）～嘉保元年（一〇九四）	三条天皇第三皇女	准三后　後朱雀天皇皇后
栄子内親王	長和四年（一〇一五）～　？	小一条院第一皇女	
儇子内親王	寛仁二年（一〇一八）～承徳元年（一〇九七）	小一条院第二皇女	無品　藤原信家室
章子内親王	万寿三年（一〇二七）～長治二年（一一〇五）	後一条天皇第一皇女	一品准三后　後冷泉天皇中宮
馨子内親王	長元二年（一〇二九）～寛治七年（一〇九三）	後一条天皇第二皇女	二品准三后（賀茂斎院） →後三条天皇中宮
良子内親王	長元二年（一〇二九）～承暦元年（一〇七七）	後朱雀天皇第一皇女	一品准三后（伊勢斎宮）

の夫に、落葉のように価値のない女だと蔑(さげす)まれたからなのである。彼女の最初の夫というのは、彼女の妹宮の女三の宮に心を奪われた柏木であった。

しかし、そんな落葉の宮も、柏木が密通事件を起こした末に落命した後には、柏木の親友であった夕霧(ゆうぎり)と結婚して、やがて平穏な日々を手に入れる。となると、彼女は、最終的には結婚によって幸福を得たかのようである。が、夕霧との間に子供ができず、他の女性が産んだ夕霧の娘を養女に迎えざるを得なかった彼女は、本当に幸せだったのだろうか。

さて、このように、結婚したために不幸になるというのが、『源氏物語』の皇女たちにはお決まりの人生であった。そして、このことから、現実の王朝時代の皇女たちについても、結婚のゆえに不幸な人生を送ったことが予想されるというものであろう。

が、この予想は、予想外のかたちで裏切られる。

実のところ、現実の王朝時代において、皇女たちというのは、ほとんど結婚しないものであった。例えば、まずは紫式部と同じ時代を生きた皇女たちだけを見ても、結婚したことがはっきりしているのは、二十九人中、わずかに九人だけなのである。

王朝時代において、皇女の扱いは、皇子の扱いに比べて、かなり軽いものであった。

結婚しない皇女たち

例えば、宇多天皇の十一人の皇子たちのうち、生年・没年の両方が明確な者は、八人にもなるのに対して、その姉妹である十一人の皇女たちのうち、生年・没年の両方がはっきりしている者は、わずか二人に過ぎない。この傾向は、醍醐天皇の皇子たち・皇女たちをめぐっても確認されるものであり、十八人の皇子たちのうちの十七人までについて、その生年・没年の両方が知られるにもかかわらず、皇女たちの場合、生年・没年の両方を知り得るのは、十八人中の十三人に留まってしまう。そして、村上天皇の皇子たち・皇女たちでも、九人の皇子たちの全員について、生年・没年をともに明らかにできるのに対して、十人の皇女たちでは、生年・没年ともにはっきりするのは八人だけである

表11　宇多天皇（八六七〜九三一）の皇女たち

皇女	生没年	品位・婚姻など	享年
①均子内親王	寛平二年（八九〇）〜延喜六年（九一〇）	無品　敦慶親王（宇多天皇皇子）妃	
②柔子内親王	？〜天徳三年（九五九）	三品　（伊勢斎宮）	
③君子内親王	？〜延喜二年（九〇二）	（賀茂斎院）	
④孚子内親王	？〜天徳二年（九五八）	無品	
⑤成子内親王	？〜天元元年（九七八）	四品	
⑥源若子	？〜？		
⑦依子内親王	寛平七年（八九五）〜承平六年（九三六）	無品	享年四二歳
⑧誨子内親王	？〜天暦六年（九五二）	無品　元良親王（陽成天皇皇子）妃	
⑨季子内親王	？〜天元二年（九七九）	四品	
⑩源頎子		藤原忠平室	
⑪源臣子			

表12　醍醐天皇（八八五〜九三〇）の皇女たち

皇女	生没年	品位・婚姻など	享年
①勧子内親王	昌泰二年（八九九）〜？	四品	
②宣子内親王	延喜二年（九〇二）〜延喜二〇年（九二〇）	無品　（賀茂斎院）	享年一九歳
③恭子内親王	延喜二年（九〇二）〜延喜一五年（九一五）	（賀茂斎院）	享年一四歳
④慶子内親王	延喜三年（九〇三）〜延長元年（九二三）	無品　敦固親王（宇多天皇皇子）妃	享年二一歳
⑤勤子内親王	延喜四年（九〇四）〜天慶元年（九三八）	四品　藤原師輔室	享年三五歳
⑥婉子内親王	延喜四年（九〇四）〜安和二年（九六九）	三品　（賀茂斎院）	享年六六歳
⑦都子内親王	延喜五年（九〇五）〜天元四年（九八一）	無品	享年七七歳

⑧修子内親王	?〜承平三年(九三三)	無品　元良親王(陽成天皇皇子)妃	
⑨敏子内親王	延喜六年(九〇六)〜?	無品	
⑩雅子内親王	延喜一〇年(九一〇)〜天暦八年(九五四)	四品　(伊勢斎宮)→藤原師輔室	享年四五歳
⑪普子内親王	延喜一〇年(九一〇)〜天暦元年(九四七)	無品　源清平室→藤原俊連室	享年三八歳
⑫源兼子	延喜一五年(九一五)〜天暦三年(九四九)	従四位上	享年三五歳
⑬靖子内親王	延喜一五年(九一五)〜天暦四年(九五〇)	藤原師氏室	享年三六歳
⑭源厳子	延喜一六年(九一六)〜?		
⑮韶子内親王	延喜一八年(九一八)〜?	三品　(賀茂斎院)→源清蔭室→橘惟風室	
⑯康子内親王	延喜二〇年(九二〇)〜天徳元年(九五七)	一品准三后　藤原師輔室	享年三八歳
⑰斉子内親王	延喜二一年(九二一)〜承平六年(九三六)	(伊勢斎宮)	享年一六歳
⑱英子内親王	延喜二一年(九二一)〜天慶九年(九四六)	(伊勢斎宮)	享年二六歳

表13　朱雀天皇(九二三〜九五二)の皇女

昌子内親王	天暦四年(九五〇)〜長保元年(九九九)	三品　冷泉天皇皇后	享年三〇歳

表14　村上天皇(九二六〜九六七)の皇女たち

①承子内親王	天暦二年(九四八)〜天暦五年(九五一)	無品	享年四歳
②理子内親王	天暦二年(九四八)〜天徳四年(九六〇)		享年一三歳
③保子内親王	天暦三年(九四九)〜永延元年(九八七)	藤原兼家室	享年三九歳
④規子内親王	天暦三年(九四九)〜寛和二年(九八六)	無品　(伊勢斎宮)	享年三八歳
⑤盛子内親王	?〜長徳四年(九九八)	藤原顕光室	

⑥楽子内親王	天暦六年（九五二）～長徳四年（九九八）	（伊勢斎宮）	享年四七歳
⑦輔子内親王	天暦七年（九五三）～正暦三年（九九二）	二品（伊勢斎宮）	享年四〇歳
⑧緝子内親王	？～天禄元年（九七〇）	無品	
⑨資子内親王	天暦九年（九五五）～長和四年（一〇一五）	一品准三后	享年六一歳
⑩選子内親王	康保元年（九六四）～長元八年（一〇三五）	一品（賀茂斎院）	享年七二歳

表15　陽成天皇（八六九～九四九）の皇女たち

①長子内親王	？～延喜二二年（九二二）	無品	
②儼子内親王	？～延長八年（九三〇）	無品	

から、ここにも同様の傾向を認めることができる。また、陽成天皇の皇子たち・皇女たちの場合、生年・没年の両方が判明するのはめずらしいこととなるが、それでも、皇子たちの方が、幾らかましな状況にある。

一般論として、生没年の記録さえ満足に残っていないということは、すなわち、それだけ周囲の関心が薄かったということであろう。王朝時代の皇女たちは、間違いなく、皇子たちよりも軽く扱われていたのである。

なお、皇女たちの扱いの軽さは、彼女たちの品階についての記録からも読み取られよう。まず第一に、皇女たちの品階は、皇子たちのそれよりも低い傾向にある。次いで、第二に、品階を与えられずに無品に捨て置かれるのは、皇子よりも、皇女である。また、第三に、皇女たちの場合、そもそも、かなりしばしば、品階についての記録が残されておらず、その品階を知り得ない。そして、これら三点は、いずれも、皇女が軽く扱われていたことの証左となるのではないだろうか。

さらに言えば、右に皇女たちの品階についての記録に見た傾向は、源氏として臣籍に下った皇女たちの位階についての記録からも、ほとんど同様に見受けられるのであり、ここにも、王朝時代の皇女の扱いの軽さを明かすことができることになる。

そして、このように王朝時代の皇女たちが軽い扱いを受けたのは、まず何より、彼女たちの存在が、公的なものではなかったためであろう。つまり、王朝時代において、天皇になることもなく、官職に就くこともなかった彼女たちは、ほとんど公人として扱われることがなかったために、社会的に有用な人的資源として見做されることが少なく、それゆえに、社会的に厚遇されなかった、ということである。

しかし、それにもかかわらず、王朝時代の皇女たちの多くは、私人として家庭人になってしまうわけでもなかった。すなわち、紫式部と同じ時代を生きた皇女たちを例として既に触れたように、王朝時代の皇女たちには、結婚して家庭を持つことも、あまり一般的ではなかったのである。彼女たちの多くは、公的な役割を持つこともないまま、妻として家庭の中での私的な役割を果たすこともなかったのであった。

王朝時代の皇族（皇親）の範囲

ところで、われわれ現代人は、ごく普通に、皇女たちや皇子たちを「皇族」と呼んだりする。そして、皇室典範に第五条として「皇后、太皇太后、皇太后、親王、親王妃、内親王、王、王妃及び女王を皇族とする」との規定がある如く、「皇族」という言葉は、現代において、公式の用語となっている。

しかし、王朝時代において、「皇族」は、皇族を意味する公式の言葉ではなかった。というのも、律令においては、「皇親」という言葉こそが、皇族を意味していたからである。家々の正しい相続のあり方を定める継嗣令には、次のような条文が見える。

凡そ、皇兄弟・皇子は、皆も親王と為せ女帝の子も亦も同じ。以外は、並びに諸王と為せ。親王より五世は、「王」の名を得と雖も、皇親の限りには在らず。

〈天皇の兄弟姉妹および天皇の男女の子供は、その全員を親王として扱え〈女性の天皇の産んだ男女の子供の場合も同様である〉。それ以外の者は、等しく王・女王として扱え。親王・内親王を一世として五世の世代の天皇の子孫は、「王」「女王」と名告ることは

図9　皇親の範囲

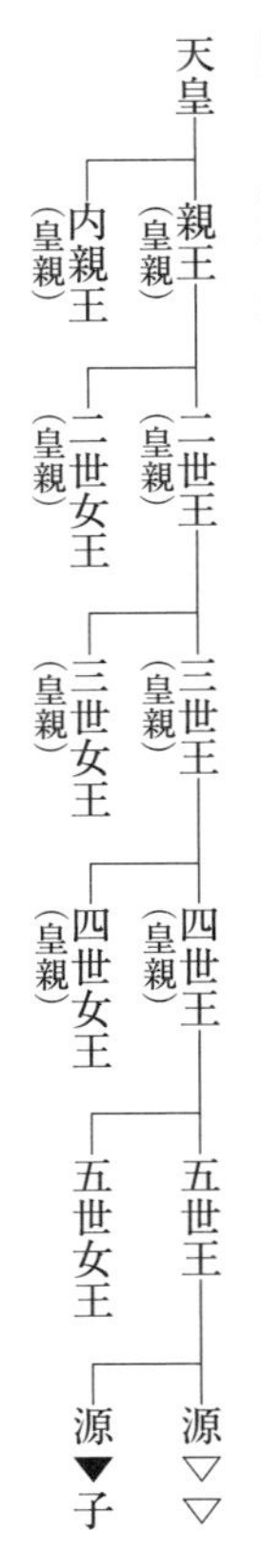

できるが、皇親には含まれない。）

　これによると、天皇の息子である皇子および天皇の娘である皇女は、間違いなく皇親に含まれる。そして、彼らの正式な呼称は、右に「親王」と定められているのであるが、奈良時代以降の史実として、皇女については、特に「内親王」という呼称が用いられていた。また、律令の定めるところ、皇子（親王）が息子や娘を儲けた場合、その息子（皇孫）および娘（皇孫女）も、皇親に含まれることになっており、その正式の呼称は、「王」というものであった。が、史実を見るならば、皇子の娘は、奈良時代以来、特に「女王」と呼ばれていたのであり、なおかつ、遅くとも王朝時代には、皇子の息子は「二世王」とも呼ばれるようになっていて、皇子の娘は「二世女王」とも呼ばれるようになっていた。

　これと同様に、右の条文に従えば、皇子（親王）の息子（二世王）の息子（皇曾孫）および皇子の息子の娘（皇曾孫女）も、皇親に含まれる。そして、彼らもまた、「王」を正式な呼称としていたが、王朝時代の史実として、皇曽孫の方は、「王」と呼ばれるとともに、「三世王」とも呼ばれ、また、皇曽孫女の方は、「女王」と呼ばれるとともに、「三世女王」とも呼ばれたのである。

さらに、律令の規定では、皇子（親王）の息子（二世王）の息子（三世王）の息子（皇玄孫）および皇子の息子の息子の娘（皇玄孫女）もまた、皇親に含まれることになる。彼らの王朝時代における呼称は、少し説明を端折るが、皇玄孫で「王」または「四世王」であり、皇玄孫女で「女王」または「四世女王」であった。

しかし、律令は、皇子（親王）の息子（二世王）の息子（三世王）の息子（四世王）の息子（皇来孫）および皇子の息子の息子の息子の娘（皇来孫女）に対して、「王」「女王」を名告ることを許しはしても、皇親の身分を与えはしない。「五世王」「五世女王」とも呼ばれた彼らは、現代らしい言い方をするならば、「なんちゃって皇親」だったのである。

皇女の結婚を妨げる法制

なお、皇親の身分は、男系（父系）によってのみ継承されるものであった。つまり、皇子（親王）の息子や娘は、二世王や二世女王になり、二世王の息子や娘は、三世王や三世女王になって、三世王の息子や娘は、四世王や四世女王になったが、皇女（内親王）の息子や娘は、必ずしも二世王や二世女王になるとは限らず、二世女王や三世女王の息子や娘も、必ずしも三世や四世の王や女王になるとは限らなかったのである。そして、それゆえに、『源氏物語』において、皇子を父親とする紫の上や朝顔の姫君や末摘花が、確かに二世女王であったのに対して、皇女を母親とする頭中将や葵の上は、あくまでも臣下として扱われたのであった。この兄妹の身分は、父親の左大臣から継承したものに他ならない。

もちろん、皇親の身分が女系（母系）では継承されなかったのは、やはり、皇親が尊い存在と見做されていたためであろう。ここには、それ以上の事情はないように思われる。が、仮に律令が女系による皇親身分の継承を許容していたとしても、それが原因で皇親が世に溢れることはなかっただろう。というのも、皇親の女性たちは、次に引用する継嗣令の別の一条によって、結婚できる男性の範囲を、極端に制限されていたからである。

> 凡そ、王の親王を娶ること、臣の五世王を娶ることを聴す。唯し、五世王は、親王を娶ることを得ず。
>
> （王の身分の男性が内親王を妻にする、臣下の男性が五世女王を妻にする、この二つの結婚を許可する。ただし、皇親に含まれない五世王は、内親王を妻にできない。）

これによれば、皇女（内親王）・二世女王・三世女王・四世女王と結婚できるのは、皇親の男性のみであった。そして、皇親以外の男性は、「なんちゃって皇親」の五世女王との結婚を許されるばかりで、皇女どころか、四世女王と結婚することさえできないのである。

ただ、この厳しい規制も、次に引く延暦十二年（七九三）九月丙戌日付の桓武天皇の詔によって緩和される。この詔は、二世女王・三世女王・四世女王に、条件付きながらも、臣下の男性との結婚を許すのである。これは、女性皇親の婚姻規制の大幅な緩和であった。

見任の大臣・良家の子孫に、三世已下を嫁るを許す。但し、藤原氏は、累代に相承して政を摂りて絶えず。此を以て之を論ずるに、同じく等しきとすべからず。殊に二世已下を嫁るを聴す。

（現職の大臣および名門貴族家の子弟には、三世女王から下の皇親の女性との結婚を認める。ただし、藤原氏は、何代にも渡って朝政に携わり続けている。これを考慮に入れて皇親の女性との婚姻について思案するに、藤原氏を他氏と同じ扱いにはできない。藤原氏には、特別に二世女王から下の皇親の女性との結婚を認める。）

しかし、この画期的な規制緩和によっても、皇女と結婚できる男性の範囲が広がることはなかった。皇女だけは、あいかわらず、皇親の男性としか結婚できなかったのである。既に見た如く、王朝時代の皇女たちというのは、あまり結婚しないものであったが、それは、彼女たちと結婚できる男性が、ひどく限定されていたためであったろう。

では、王朝時代の皇女としては少数派であった、結婚した皇女たちは、どのような男性と結婚していたのだろうか。

皇女たちの数少ない結婚相手

王朝時代に皇女たちの結婚相手となったのは、まず第一に、天皇たちであった。醍醐天皇・冷泉天皇・円融天皇・後朱雀天皇・後冷泉天皇・後三条天皇が、皇女を後宮に迎えた如くである。そして、天皇の妃になるというのは、本来、皇女には最もふさわしい結婚であった。そもそも、奈良時代以前には、皇后になり得たのは、ほとんど皇女だけだったのであり、元来、天皇にとっても、皇女こそが最もふさわしい結婚相手だったのである。

しかし、王朝時代、皇后の地位は、ほとんど藤原摂関家の女性によって独占されるようになるとともに、天皇の結婚は、藤原摂関家によって管理されるようになり、皇女が天皇と結婚することは、次第に難しくなっていく。これによって、王朝時代の皇女たちは、ただでさえ限られていた結婚相手を、さらに限られてしまう。

表16　結婚した皇女たち

源礼子	光孝天皇第一二皇女	無位	藤原連永室
為子内親王	光孝天皇第一六皇女	三品	醍醐天皇妃
源和子	光孝天皇第二三皇女	正三位	醍醐天皇女御
均子内親王	宇多天皇第一皇女	無品	敦慶親王（宇多天皇皇子）妃
誨子内親王	宇多天皇第八皇女	無品	元良親王（陽成天皇皇子）妃
源頎子	宇多天皇第一〇皇女		藤原忠平室
慶子内親王	醍醐天皇第四皇女	無品	敦固親王（宇多天皇皇子）妃
勤子内親王	醍醐天皇第五皇女	四品	藤原師輔室
修子内親王	醍醐天皇第八皇女	無品	元良親王（陽成天皇皇子）妃
雅子内親王	醍醐天皇第一〇皇女	四品	（伊勢斎宮）→藤原師輔室
普子内親王	醍醐天皇第一一皇女	無品	源清平室→藤原俊連室
靖子内親王	醍醐天皇第一三皇女		藤原師氏室
韶子内親王	醍醐天皇第一五皇女	三品	（賀茂斎院）→源清蔭室→橘惟風室
康子内親王	醍醐天皇第一六皇女	一品准三后	藤原師輔室
昌子内親王	朱雀天皇第一皇女	三品	冷泉天皇皇后
保子内親王	村上天皇第三皇女		藤原兼家室
盛子内親王	村上天皇第五皇女		藤原顕光室
尊子内親王	冷泉天皇第二皇女	二品	（賀茂斎院）→円融天皇女御
禔子内親王	三条天皇第二皇女	三品	藤原教通室
禎子内親王	三条天皇第三皇女	准三后	後朱雀天皇皇后
儇子内親王	小一条院第二皇女	無品	藤原信家室
章子内親王	後一条天皇第一皇女	一品准三后	後冷泉天皇中宮
馨子内親王	後一条天皇第二皇女	二品准三后	（賀茂斎院）→後三条天皇中宮

なお、醍醐天皇と為子内親王（光孝天皇皇女）との結婚や、同天皇と源和子（光孝天皇皇女）との結婚は、甥と伯叔母との婚姻であり、また、円融天皇と尊子内親王（冷泉天皇皇女）との結婚は、叔父と姪との婚姻である。やはり、天皇と皇女とが結婚する限り、こうした近親婚となることは、どうしても避けられなかったのであろう。それゆえ、藤原摂関家が皇女たちを天皇の後宮から締め出したことで、奈良時代以前からの天皇の近親婚の傾向が、幾らか改善されたのではないだろうか。もっとも、藤原摂関家の女性ばかりが入内するようになることで、新たな近親婚の傾向が心配されることになるのではあるが。

そして、王朝時代の皇女たちの結婚相手の第二は、皇子たちであった。元良親王・敦慶親王・敦固親王の妃は、皇女である。しかも、二人の皇女が元良親王の妃となった如く、本来、皇子というのは、皇女の結婚相手として、天皇に次いで理想的な存在であった。

ただし、皇子と皇女との婚姻にも、やはり、近親婚となる傾向が見られた。事実、敦固親王（宇多天皇皇子）と慶子内親王（醍醐天皇皇女）との結婚は、叔父と姪との婚姻であり、敦慶親王（宇多天皇皇子）と均子内親王（宇多天皇皇女）との結婚に至っては、異母兄妹間の婚姻だったのである。理想的であるはずの皇子と皇女との結婚が、王朝時代に入って激減するのは、あるいは、近親婚が忌避されたためだったのかもしれない。

しかし、皇女たちの場合、天皇と皇子との他に結婚相手を探すとすれば、二世王たち・三世王たち・四世王たちの中から見付けるしかなかった。それは、例の厳しい規制があったからに他ならない。彼女たちは、臣下との婚姻を許されていなかったのである。

ただ、意外なことに、王朝時代のものとしては、皇女が二世王・三世王・四世王と結婚した事例は、全く確認されていない。二世王以下の皇親男性は、法の規定とは無関係に、王朝時代において、皇女が結婚するにふさわしい相手とは見られていなかったのだろうか。

そして、さらに意外なことに、幾人かの皇女たちの結婚相手となったのは、通婚を禁じられているはずの、臣下の男性たちであった。

問題なく臣下と結婚した皇女たち

> 源礼子（のりこ）は、源氏であることに明白なように、光孝天皇の皇女といっても、臣籍（しんせき）に下った身である。それゆえ、彼女と藤原連永（つらなが）との結婚に、法的な障害はなかったのかもしれない。

ただ、天皇を父親とする源氏は、世に「一世源氏（いっせいげんじ）」と呼ばれて、たいへん尊ばれていた。一世源氏は、どうかすると、二世王や二世女王よりも尊い存在と見做されたのである。そのあたりは、光源氏の描かれ方にも明らかなのではないだろうか。物語の世界において、一世源氏である光源氏は、紫の上・朝顔の姫君・末摘花といった二世女王たちの誰よりも、尊貴な身とされているのである。

これに対して、礼子の夫となった藤原連永は、伊予介（いよのすけ）以外には官歴もはっきりせず、重要な人物であったようには思われない。伊予介という官職から察するに、彼の位階は、高くて従五位下（じゅごいげ）というところであったろう。そんな男性が一世源氏の礼子と結婚し得た背景には、何か特殊な事情があるのだろうか。

ちなみに、礼子が連永の娘として産んだ鮮子（よしこ）は、醍醐天皇の更衣（こうい）となり、代明（よしあきら）親王を産んでいる。もちろん、藤原氏を父親とする鮮子の身分は、ただの臣下に過ぎない。が、彼女は、更衣の身ながらも、確かに入内したのであった。とすると、連永は、中級貴族の身ながらも、何かしら摂関家との強いつながりを持っていたのかもしれない。

源頎子（のぶこ）もまた、生まれは宇多天皇の皇女であっても、源氏として臣下となった身であった。それゆえ、彼女と藤原忠平（ただひら）との婚姻にも、法的な問題は何もなかっただろう。しかも、忠平はといえば、あの関白太政大臣（かんぱくだじょうだいじん）藤原基経（もとつね）の三男であり、当時を代表する名門貴族家の御曹司（おんぞうし）である。そんな忠平であれば、一世源氏の女性と結婚したとしても、十分に釣り合いが取れるというものであろう。そして、後年の忠平は、ついには関白太政大臣にまで昇り、一世源氏の妻を持って何ら恥じることのない身となるのであった。

一世源氏が関わる皇女の婚姻としては、醍醐天皇皇女の韶子(あきこ)内親王と源清蔭(きよかげ)との結婚がある。この事例では、皇女の夫となった男性の側が一世源氏なのだが、韶子内親王と結婚した清蔭は、陽成(ようぜい)天皇の第一皇子でありながら源氏として臣籍に下った身であった。それゆえ、清蔭は、あくまでも臣下に過ぎない。そして、彼と韶子内親王との婚姻には、はっきりと法的な問題があった。が、現に結婚したからには、彼と韶子内親王との結婚には、その当時の天皇が、おそらくは皇女の父親である醍醐天皇が、特別に勅許を下したのだろう。一世源氏というのは、何かと特別な扱いを受けるものだったのである。

しかし、この結婚は、そう長くは続かなかったらしい。というのも、韶子内親王が再婚しているからである。そして、おそらくは清蔭が早世した後、韶子内親王の再婚の相手となったのは、河内守(かわちのかみ)の官歴が知られるばかりの、橘惟風(これかぜ)という臣下の男性であった。

図10　藤原摂関家略系図

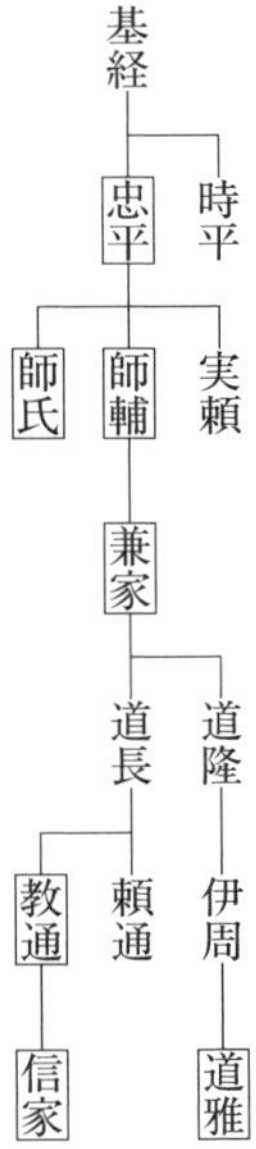

- 基経
  - 時平
  - [忠平]
    - 実頼
    - [師輔]
      - [兼家]
        - 道隆
          - 伊周
            - [道雅]
        - 道長
          - 頼通
          - [教通]
            - [信家]
    - [師氏]

※[囲み]表示は、皇女と結婚した者もしくは皇女との結婚を目論んだ者を示す。

受領国司であった惟風には、皇女である妻に、皇女にふさわしい贅沢な生活をさせることができただろう。が、彼は、位階も五位に留まる普通の貴族だったはずである。それでも、右の再婚に勅許があったのは、これが皇女には再婚となる結婚だったためであろう。

やむなく臣下と結婚した皇女たち

普子内親王の結婚の履歴は、妹宮の韶子内親王のそれとよく似ている。すなわち、この普子内親王も、まずは源氏の男性と結婚して、その後、受領国司と再婚しているのである。

ただ、普子内親王の場合、初婚の相手となった源氏が、一世源氏ではなく、二世源氏であった。彼女の初婚の相手は、光孝天皇第一皇子の是忠親王を父親とする源清平だったのである。そして、この二世源氏と皇女との婚姻に勅許を下したのは、やはり、皇女の父親の醍醐天皇であったろうが、醍醐天皇が皇女に二世源氏との結婚を許したのは、相手の二世源氏が、自身の従兄であって、個人的に信頼を置いていた人物だったからかもしれない。

また、普子内親王の再婚相手となった受領国司は、和泉守の藤原俊連であるが、この俊連と普子内親王との結婚に勅許が出た事情は、概ね、韶子内親王の再婚が許された事情と同じであったろう。皇女が法に反して臣下の男性と結婚するといっても、それが再婚ともなれば、あまり厳しく詮議されることもなかったのではないだろうか。

ところが、いずれも醍醐天皇を父親とする勤子内親王・雅子内親王・康子内親王の三人の皇女たちは、臣籍に下っていたわけでもなく、初婚で臣下の男性と結婚したのであった。しかも、この三人の皇女たちの夫は、同じ一人の男性だったのである。

そして、臣下の身で三人もの皇女たちと結婚した男性というのは、藤原道長の祖父にあたる藤原師輔なのだが、関白太政大臣忠平の次男であった師輔でも、皇女との結婚に勅許を得ることなど、本来、できるはずがなかった。それにもかかわらず、現に師輔が皇女と結婚し得たのは、『大鏡』が次の如くに伝える通り、師輔が皇女と強引に肉体関係を持った結果である。当時、村上天皇にしてみれば、所謂「疵物」にされた姉宮たちに恥をかかせないためには、もはや、師輔と結婚させるしかなかったのであった。

さて、内裏住みして、傅かれ御しましを、九条殿は、女房を語らひて、密かに参り給へりしぞかし。世の人、便なき事に申し、村上の皇も、安からぬ事に思し召し御しけれど、色に出でて咎め仰せられずなりにしも、この九条殿の御寵えの限りなきによりてなり。

（そうして、康子内親王さまが、内裏でお暮らしになって、大切に世話をされていらっしゃったところを、師輔殿〈「九条殿」〉は、康子内親王さまにお仕えする女房を言いくるめて、こっそりと内親王さまのご寝所に出入りなさっていたのだそうな。これを、貴族社会の人々は、不都合なこととして噂(うわさ)し合い、村上天皇さまも、とんでもないこととお思いになられたものの、表立って師輔殿をお叱(しか)りにならなかったのは、この師輔殿の世評がたいへんよかったからであった。）

道長礼賛の書である『大鏡』は、当然、道長の祖父を卑劣漢として扱いはしない。が、事実として、右に見える師輔の所業は、強姦という犯罪行為である。しかも、師輔は、次々に、三人もの女性たちを強姦したのであった。その後に結婚しさえすれば責任を取ったことになるなどというのは、女性の人格を全く無視した、男の側の身勝手な論理でしかない。

皇女の結婚
臣下の箔付けの手段と化す

師輔が卑劣な手段に訴えてまで皇女と結婚したのは、腹違いの兄を見返すためであった。

師輔は、関白太政大臣忠平の息子ではあっても、次男であったため、父親から摂関家の後継者と見做されてはいなかった。忠平が跡取り息子として期待をかけていたのは、長男の実頼だったのである。しかし、強い野心を持っていた師輔は、常に異母兄となる実頼を追い落とすことを考えていたのであり、その一環として、皇女という最も高貴な女性を妻とすることで、自身の存在を誇示しようとしたのであろう。実頼の妻も、忠平の兄の左大臣時平の娘や、おそらくは二世か三世かの源氏の女性であり、十分に高貴な女性たちであったが、そんな彼女たちでも、さすがに皇女と張り合うことはできまい。

そして、おそらくは師輔と同じような動機から、おそらくは師輔が採ったのと同じ方法によって、まんまと皇女との結婚を実現させたのが、忠平の四男で師輔には同母弟となる師氏であった。彼もまた、醍醐天皇皇女の靖子（やすこ）内親王と結婚したのであるが、この婚姻にしても、本来なら勅許を得られるはずのないものであったから、師氏が師輔の模倣犯であったことは、容易に想像されるのではないだろうか。

さて、こうして先例ができると、摂関家の男性たちは、自身に箔（はく）を付ける方法の一つとして、皇女との結婚を安易に選択するようになる。

例えば、村上天皇皇女の保子（やすこ）内親王と結婚したのは、道長の父親の兼家（かねいえ）であったが、この結婚に兼家が望んでいたのは、皇女と結婚することであって、保子内親王と結婚することではなかっただろう。兼家としては、相手の皇女は誰でもよかったのであった。

右の婚姻が成立したとき、保子内親王は三十八歳であり、兼家は五十八歳であった。男女とも四十歳から老人として扱われた王朝時代において、五十八歳と三十八歳との結婚など、不自然なものでしかない。当時の兼家は、一条天皇の摂政として朝廷を牛耳ってはいたものの、悪辣な策謀で成り上がった彼には陰ながらの批判も多く、それゆえ、批判者たちを牽制するためにも、とにかく皇女の誰かと結婚して箔を付けたかったのである。

さらに、三条天皇皇女の禔子内親王が道長の息子の一人である教通と結婚することになったのも、教通の側に、当たり前のように父親の後継者となった兄の頼通を追い落としたいという気持ちがあったからであろう。この縁組が持ち上がったのは、三条天皇が崩じた後のことであって、その時点において、禔子内親王には政治的な価値はなかったのである。彼女が夫となる男性のためにできることといえば、箔となることだけであった。

そして、准太上天皇の小一条院敦明親王の第二皇女である儇子内親王と結婚したのは、右の教通の息子の信家であったが、この婚姻も、信家に箔を付けるためのものでしかない。それは、信家の父親の教通が、その兄の頼通への対抗意識から、嫡男の信家に箔を付けさせようと、あれこれ手を回して実現させた縁組だったのである。

とすれば、四十歳を過ぎてから女三の宮と結婚した光源氏にしても、その結婚によって自身に箔を付けようとの思いがあったことは、けっして否定できないのではないだろうか。

強姦されて尼になった皇女

ところで、先に紹介した勤子内親王・雅子内親王・康子内親王の三人の醍醐天皇皇女たちは、自身の箔付けのための結婚を望む藤原師輔に強姦され、その結果、三人が三人とも、師輔の思惑のままに彼と結婚することになったのであったが、もし、その折に玉座にあった村上天皇が、姉宮たちを傷付けた師輔を激しく憎むあまり、結婚に勅許を下さなかったとしたら、三人の皇女たちは、どうなっていたのだろうか。

次に引用するのは、藤原道長の日記の『御堂関白記』の寛仁元年（一〇一七）四月十日の記述であるが、ここには、三条天皇第一皇女で前伊勢斎宮の当子内親王（「先斎宮」）が、道長には甥孫にあたる藤原道雅（「道雅中将」）によって強姦されたことが見える。

> 或る物に相ふに示して云ふやう、「道雅中将の先斎宮を嫁ぐに、中務親王の迎へ取りて皇后宮に参る」と云ふ。其の乳母は道雅に至ると云々。

（ある者と面会したところ、その者が言ったのは、「三位中将藤原道雅が前伊勢斎宮当子内親王さまと男女の関係を持ったため、内親王さまの兄宮の中務宮敦儀親王さまが迎えに行ってお母上の皇后藤原娍子さまの御所にお連れした」ということであった。そして、内親王さまの乳母は、道雅のもとに行ったのだとか。）

道長は、慎重に「嫁ぐ」という言葉を用いるが、道雅の所業は、当子内親王の寝所に侵入して彼女に男女の関係を強いるというものだったはずである。そして、道雅を内親王の寝所へと手引きしたのは、あろうことか、内親王の乳母であった。だからこそ、この乳母は、事件の後、内親王に乱暴を働いた道雅のもとに身を寄せているのである。

三条天皇は、そのときには三条上皇となっていたが、強姦の一件を知ると、当然の如く、怒りを露わにする。それゆえ、後一条天皇も、当子内親王と道雅との結婚に勅許を与えることはない。道雅は、高祖父の師輔のようには、企みを成功させられなかったのであった。

そして、その後の当子内親王と道雅とについては、次に引く寛仁元年十一月三十日の『小右記』に見える通りである。

師通朝臣の云ふやう、「前斎宮の病に依りて尼に為る」と此の親王は、故院の御存生の時、三位中将道雅の為に密通せらる。其の後、母后の宮の中を出ださざるの間、今に重き病に依りて出家す。故院は道雅を勘当せしむるの程に崩じ給ふ。

（師通が言うには、「前伊勢斎宮の当子内親王さまが病気のゆえに尼になりました」とのことである〈この内親王さまは、亡き三条上皇さまがご存命のとき、三位中将藤原道雅に密通の関係を持たされたのであった。その密通事件の後、お母上の皇后藤原娍子さまが当子内親王さまを御所から一歩もお出しにならないでいたところ、内親王さまは、今まさに重い病気のために出家することになった。亡き三条上皇さまは、道雅を勘当なさったまま崩じられたのであった〉。）

強姦の被害者である皇女は、逼塞を余儀なくされたうえ、病気を口実に出家したのであり、強姦の加害者である男は、貴族社会を半ば追放されたような身となったのであった。

それからさらに後、道雅はというと、別の事件を起こして再び貴族社会を騒がせるのであったが、そのあたりは、前著『殴り合う貴族たち』に譲るとして、尼になった当子内親王は、治安三年（一〇二三）に世を去るまで、仏道修行のみに明け暮れたものと思われる。

中級貴族ほどの贅沢もできない皇女たち

当子内親王は、強姦事件の翌月に父親の三条上皇を亡くしたうえ、強姦事件で醜聞が立ったためであろうか、あるいは、三条上皇と不仲であった藤原道長の嫌がらせであろうか、伊勢斎宮を務めたにもかかわらず、無品のままに捨て置かれていた。それゆえ、彼女には、経済基盤などは皆無であり、皇女らしい贅沢な生活などは無縁のものであった。そんな気の毒な皇女にできることといえば、母親の皇后藤原娍子や小一条院敦明親王をはじめとする兄弟たちの庇護のもと、ひっそりと静かに仏道修行を続けることだけであったろう。

なお、無品の皇女であっても、王朝時代には、朝廷から給料が支給されることになっていたが、その給料というのは、具体的には、一〇〇戸の品封であった。既に皇子の節で見たように、無品の皇子の品封は、二〇〇戸であったから、無品の皇女の品封は、同格の皇子の品封の半額であったことになる。そして、それは、律令が皇女の品封を皇子の品封の半額と定めていたためであった。

一〇〇戸という無品の皇女の品封は、全て米に換算すると、二五〇石となったが、これでは、五位の位階の貴族の年俸である四〇〇石にも遠く及ばない。もちろん、当時の庶民たちからすれば、二五〇石でも、とんでもなく大きな額である。しかし、王朝時代の皇女には、王朝時代の皇女として保つべき生活水準があり、その周囲には二十人や三十人の女房たちを置いておかなければ、皇女として格好が付かないものであったが、そうした女房たちを雇用し続けることさえ、二五〇石の財源では、どうにもならなかったのではないだろうか。

そして、こうした経済的な困難に直面したのは、必ずしも無品の皇女だけではあるまい。律令の定めるところ、一品の皇女の品封は四〇〇戸、二品の皇女の品封は三〇〇戸、三品の皇女の品封は二〇〇戸、四品の皇女の品封は一五〇戸である。そして、これらを全て米に換算すると、一品の四〇〇戸の品封は一〇〇〇石となり、二品の三〇〇戸の品封は七五〇石となり、三品の二〇〇戸の品封は五〇〇石となり、四品の一五〇戸の品封は三七五石となる。

とすると、既に、四品の皇女までもが、五位の貴族ほどの生活さえできなかったことになるわけだが、比較対象を四位の貴族にすると、二品の皇女や三品の皇女さえも、臣下の貴族たちに劣る生活しかできなかったことになる。四位の位階の貴族の年俸は、米八〇〇石ほどであったから、四位の貴族に勝る生活ができたのは、一品の皇女だけであった。

これは、ずいぶんとさびしい話であるが、王朝時代の確かな事実である。そして、こうした現実を見るならば、一世源氏や二世源氏の夫に先立たれた後、受領国司などと再婚した皇女がいたのも、実にもっともなことなのではないだろうか。

罪深い伊勢斎宮

皇女は必要か

日本の律令国家は、女性の天皇が登極することを想定していた。例えば、これは、既に前節でも紹介したものとなるが、皇親（皇族）の範囲を定める律令の条文には、はっきりと「女帝」という言葉が見えているのである。

凡そ、皇兄弟・皇子は、皆も親王と為せ女帝の子も亦も同じ。以外は、並びに諸王と為せ。親王より五世は、「王」の名を得と雖も、皇親の限りには在らず。

〈天皇の兄弟姉妹および天皇の男女の子供は、その全員を親王・内親王として扱え〈女性の天皇の産んだ男女の子供の場合も同様である〉。それ以外の者は、等しく王・女王として扱え。親王・内親王を一世として五世の世代の天皇の子孫は、「王」「女王」と名告ることはできるが、皇親には含まれない。）

中国においては、長い長い歴史の中、武則天（則天武后）の他には女帝が存在することはなかった。が、日本では、律令国家が成立する以前から、推古天皇・皇極天皇・斉明天皇・持統天皇と、四代もの女帝が登場している。しかも、律令国家成立の立役者の一人が、女帝の持統天皇であったから、日本の律令国家があらかじめ女帝の即位を想定していたのは、あまりにも当たり前のことであったかもしれない。

そして、律令国家の成立とともにはじまった奈良時代にも、元明天皇・元正天皇・孝謙天皇・称徳天皇と、四代もの女帝たちが玉座にあった。なかなか際どいところに位置する文武天皇および桓武天皇をも含めて、文武天皇・元明天皇・元正天皇・聖武天皇・孝謙天皇・淳仁天皇・称徳天皇・光仁天皇・桓武天皇の九代を奈良時代の天皇たちと見ても、その半数近くが女帝であったことになる。

また、右に列挙した日本の女帝たちは、皇極天皇（斉明天皇）を除く全員が、皇女として生まれた女性であった。つまり、奈良時代までの日本においては、皇女たちもまた、天皇としての人生を送る可能性を十分に有していたのである。

ところが、平安時代に入るや、女帝の即位は皆無となる。しかも、平安時代の半ばの王朝時代にもなると、皇女は天皇にはなれない、という社会通念が、かなり強固なものとして定着してしまい、皇女たちには、天皇になる道は完全に閉ざされてしまう。それゆえ、次に引く長和二年（一〇一三）七月七日の『小右記』に見える如く、藤原道長は、彼の娘で三条天皇の中宮となっていた妍子が皇女を産んだとき、露骨に不機嫌になったのであった。

暁更に人々の云ふやう、「中宮の御産は平安に遂げ給ふ」と云々。……。悦ばざるの気色の甚だ露はなり。女を産ましめ給ふに依る歟。

とすると、皇女たちは、何のために存在していたのだろうか。彼女たちは、天皇を父親とする身でありながら、次代の天皇の候補には数えられなかったのであり、さらに、既に見たように、藤原摂関家の都合によって、後宮からも締め出されがちだったのである。

そして、そんな王朝時代の皇女たちにとって、最後に残された重要な役割の一つが、伊勢斎宮を務めることであった。

『延喜式』に見る伊勢斎宮

『延喜式』というのは、王朝時代に編纂された法令集であるが、同書において伊勢斎宮に関わる条文の最初に置かれているのは、次のような一条である。

> 凡そ、天皇の位に即かば、伊勢大神宮の斎王を定めよ。仍りて、内親王の未だ嫁がざる者を簡びて之を卜めよ若し、内親王の無くんば、世次に依りて女王を簡び定めて之を卜めよ。

これによれば、伊勢斎宮というのは、天皇の代替わりがあるごとに、新たに選び直されるものであった。つまり、原則として、伊勢斎宮は、天皇とセットで交代したのである。また、右の条文によると、伊勢斎宮というのは、未婚の皇女（内親王）が務めなければならないものであった。もちろん、未婚の皇女が不在であるときには、二世以下の未婚の女王（皇孫女・皇曽孫女・皇玄孫女）が伊勢斎宮を務めてもいいことになってはいる。が、未婚の皇女がいる限りは、彼女こそが伊勢斎宮を務めるべきであった。

なお、右に「伊勢大神宮の斎王」と見えるように、「斎王」こそが、伊勢斎宮の本来の呼称である。それにもかかわらず、彼女がしばしば「斎宮」と呼ばれるのは、彼女の伊勢神宮での居所が「斎宮」と呼ばれていたからに他ならない。

しかし、伊勢斎宮（「斎王」）は、選ばれてすぐに伊勢神宮に向かうわけではない。『延喜式』の次の一条によれば、「斎内親王」とも呼ばれた伊勢斎宮は、選定された年の翌々年の九月に、伊勢国へと下向して伊勢神宮に附属する斎宮に入ることになっていたのである。

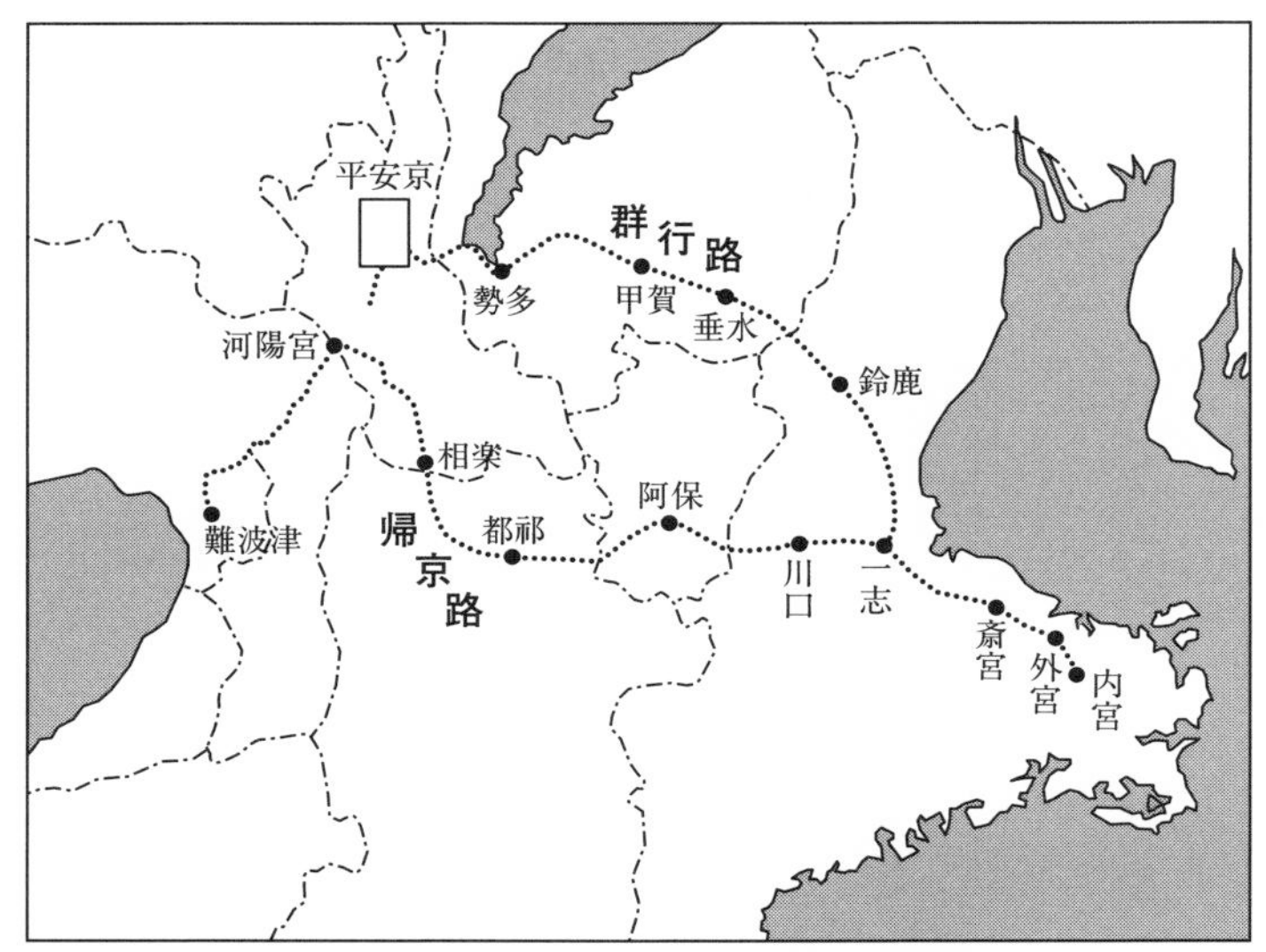

図11　伊勢斎宮の都―伊勢神宮の往復の道順

凡そ、斎内親王を定め畢はらば、即ち宮城の内の便所を卜めて初斎院と為し、禊祓して入り、明くる年の七月に至るまで、此の院に於いて斎け。更に、城の外の浄き野を卜めて野宮を造り畢はれ。八月上旬、吉日を卜ひ定めて、河に臨みて禊祓して、即ち、野宮に入れ。遷り入る日より明くる年の八月に至るまで、此の宮に於いて斎け。九月上旬、吉日を卜ひ定めて、河に臨みて禊祓して、伊勢の斎宮に参り入れ。

伊勢神宮の斎宮に落ち着いた伊勢

斎宮（「斎王」「斎内親王」）は、毎年、伊勢神宮の三つの例祭に参列しなければならなかった。三つの例祭とは、六月の月次祭・九月の神嘗祭・十二月の月次祭であるが、このあたりは、『延喜式』の次の二つの条文に明らかであろう。

凡そ、六月に斎内親王の神宮に参るとき、陪従の皆に装束を給へ十二月も此に准へよ。

凡そ、九月の祭に向かふ陪従の命婦以下に装束を賜へ。

ただ、伊勢神宮の祭儀の次第に関わるものとして『延喜式』に収められた条文によれば、右の三つの例祭における伊勢斎宮の役目は、玉串の奉献だけであった。すなわち、彼女は、『延喜式』の件の条文に見る限り、当該の例祭の日、多くの従者（「陪従」）を引き連れて神前に参るものの、玉串を捧げる以外のことは、何もしなかったのである。

したがって、伊勢斎宮は、伊勢神宮において、ただの参拝者に過ぎない。彼女の役目は、天皇の名代として伊勢神宮に参詣することだけだったのである。公式には「斎王」とも「斎内親王」とも呼ばれた伊勢斎宮は、しばしば言われるような「伊勢神宮の最上級の巫女」などではなく、天皇に代わって伊勢神宮に玉串を捧げる、代理の参詣者でしかなかった。

伊勢斎宮の務めを嫌う皇女たち

ところが、この伊勢斎宮は、王朝時代において、あまり人気がなかったらしい。といっても、あくまでも皇女たちの間での話である。誤解のないように言い直すならば、王朝時代の皇女たちは、伊勢斎宮には選定されたくなかったらしい。

伊勢斎宮が伊勢神宮において果たす役目は、ずいぶんと簡単なものであった。そして、それにもかかわらず、世に重んじられたのが、伊勢斎宮である。とすれば、現代人の感覚からすると、この務めを果たすことを望む皇女は、幾らでもいそうなものであろう。

しかし、皇女たちは伊勢斎宮の務めを嫌っていたというのが、王朝時代の史実となる。

平安時代の初めから王朝時代＝平安時代中期の終わりまでの伊勢斎宮たちを一覧すると、王朝時代以前の伊勢斎宮たちのほとんどが、『延喜式』が原則として定める通り、皇女であった。

表17　伊勢斎宮たち

布勢内親王（桓武天皇皇女）	桓武朝（七九七～八〇六）
大原内親王（平城天皇皇女）	平城朝（八〇六～八〇九）
仁子内親王（嵯峨天皇皇女）	嵯峨朝（八〇九～八二三）
氏子内親王（淳和天皇皇女）	淳和朝（八二三～八二七）
宜子女王（桓武天皇皇孫女）	淳和朝（八三〇～八三三）
久子内親王（仁明天皇皇女）	仁明朝（八三三～八五〇）
晏子内親王（文徳天皇皇女）	文徳朝（八五〇～八五八）
恬子内親王（文徳天皇皇女）	清和朝（八五九～八七六）
識子内親王（清和天皇皇女）	陽成朝（八七七～八八〇）
掲子内親王（文徳天皇皇女）	陽成朝（八八二～八八四）

斎宮	在任期間
繁子内親王（光孝天皇皇女）	光孝朝（八八四〜八八七）
元子女王（仁明天皇皇孫女）	宇多朝（八八九〜八九七）
柔子内親王（宇多天皇皇女）	醍醐朝（八九七〜九三〇）
雅子内親王（醍醐天皇皇女）	朱雀朝（九三一〜九三六）
斉子内親王（醍醐天皇皇女）	朱雀朝（九三六〜九三六）
徽子女王（醍醐天皇皇孫女）	朱雀朝（九三六〜九四五）
英子内親王（醍醐天皇皇女）	村上朝（九四六〜九四六）
悦子女王（醍醐天皇皇孫女）	村上朝（九四七〜九五四）
楽子内親王（村上天皇皇女）	村上朝（九五五〜九六七）
輔子内親王（村上天皇皇女）	冷泉朝（九六八〜九六九）
隆子女王（醍醐天皇皇孫女）	円融朝（九六九〜九七四）
規子内親王（村上天皇皇女）	円融朝（九七五〜九八四）
済子女王（醍醐天皇皇孫女）	花山朝（九八四〜九八六）
恭子女王（村上天皇皇孫女）	一条朝（九八六〜一〇一〇）
当子内親王（三条天皇皇女）	三条朝（一〇一二〜一〇一六）
嫥子女王（村上天皇皇孫女）	後一条朝（一〇一六〜一〇三六）
良子内親王（後朱雀天皇皇女）	後朱雀朝（一〇三六〜一〇四五）
嘉子内親王（小一条院皇女）	後冷泉朝（一〇四六〜一〇五一）
敬子女王（三条天皇皇孫女）	後冷泉朝（一〇五一〜一〇六八）
俊子内親王（後三条天皇皇女）	後三条朝（一〇六九〜一〇七二）
淳子女王（三条天皇皇孫女）	白河朝（一〇七三〜一〇七七）

※平安時代の初めから王朝時代の終わりまでの伊勢斎宮のみを扱う。

桓武朝から光孝朝までを王朝時代以前の平安時代と見做すとして、この期間の十一人の伊勢斎宮たちは、そのうちの十人までが、まさしく皇女なのである。

これに対して、王朝時代に入るや、二世女王（皇孫女）の伊勢斎宮が激増する。少し長めに宇多朝から白河朝までを王朝時代と見做すとすると、その期間の二十人の伊勢斎宮たちのうち、九人までが二世女王なのである。王朝時代の伊勢斎宮は、二人に一人ほどが、皇女ではなく、二世女王であったことになる。

とはいえ、王朝時代に伊勢斎宮を務

めるべき未婚の皇女が不足していたなどということは、絶対にあり得ない。前節に見た如く、王朝時代の皇女の数は、かなりのものだったのであり、しかも、王朝時代の皇女たちの多くは、結婚することがなかったのである。

とすれば、王朝時代の伊勢斎宮たちの半数ほどが、皇女ではなく、二世女王であったのは、当時の皇女たちが伊勢斎宮の務めを嫌った結果であったろう。要するに、王朝時代においては、皇女たちが伊勢斎宮となることを嫌がったために、二世女王たちが伊勢斎宮を押し付けられていたのである。

『延喜式』によれば、伊勢斎宮は、天皇の代替わりがあるたび、卜占（ぼくせん）によって選ばれることになっていた。そして、その場合の卜占というのは、陰陽師（おんみょうじ）によるものではなく、卜部（うらべ）によるものであった。卜部というのは、神祇官（じんぎかん）の卜占専門官であり、また、彼らの行う卜占は、「亀卜（きぼく）」と呼ばれるものであって、この卜占では、亀の甲羅を火で炙（あぶ）り、亀の甲羅に生じた亀裂から答えを読み取るのである。伊勢斎宮を卜定（ぼくじょう）するにおいては、亀の甲羅に候補となる皇女や二世女王の名前が記され、火のために生じた亀裂によって名前を指し示された女性こそが、新しい伊勢斎宮とされたのであろう。

ただ、伊勢斎宮を卜定する亀卜をめぐっては、所謂（いわゆる）「出来（でき）レース」であったことが疑われる。というのも、少なくとも王朝時代においては、一度たりとも、藤原摂関家と関係の深い皇女が伊勢斎宮に選定されたことがないからである。藤原道長と不仲であった三条天皇の時代に、三条天皇第一皇女の当子(まさこ)内親王が伊勢斎宮に選ばれたのも、偶然などではあるまい。王朝時代の伊勢斎宮卜定の亀卜は、容易に有力者の意向に左右されたのである。

母親に付き添われる伊勢斎宮

光源氏の最も古い恋人であった六条御息所(ろくじょうのみやすどころ)は、葵(あおい)巻において、光源氏の正妻の葵(あおい)の上(うえ)の懐妊(かいにん)が世間をよろこばせていた頃、光源氏への想いを断ち斬ろうと、都(みやこ)を離れて伊勢国へと下向することを考えはじめる。そして、ここで、御息所が都落ちする先を伊勢国と定めたのは、彼女の娘が二世女王として伊勢斎宮に卜定されたところだったからであった。光源氏に棄てられて不本意に都落ちしたかのような世評を立てられたくなかった御息所は、伊勢斎宮として伊勢神宮に赴く娘に付き添うかたちで都を去ろうとしたのである。

しかし、賢木(さかき)巻に「親添(おやそ)ひて下(くだ)り給(たま)ふ例(ためし)も殊(こと)になけれど」と語られるように、伊勢斎宮の下向に母親が付き添うのは、けっして普通のことではない。少なくとも王朝時代以前には、その母親とともに伊勢へと下った伊勢斎宮など、ただの一人も見られない。

ただ、王朝時代には、一度だけではあるが、伊勢斎宮の母親が娘とともに伊勢国へと向かったことがあった。しかも、それは、『源氏物語』が世に出る以前の出来事であったから、物語の中の「親添ひて下り給ふ例も殊になけれど」という語りは、一つの謎となるのだが。

史書の『日本紀略』は、貞元二年（九七七）九月十六日、伊勢斎宮の規子内親王が伊勢国へと出立したことを、次のように伝える。彼女は、村上天皇の皇女の一人であり、異母弟の円融天皇の伊勢斎宮に選ばれていた。

> 伊勢斎宮規子内親王の野宮より西河に禊して伊勢神宮に参り向かひ給ふ。

しかし、この下向をめぐっては、前代未聞の事態が起き、円融天皇を慌てさせることになる。『日本紀略』によれば、規子内親王出立の翌日、次のような出来事があったのである。

> 宣旨のあり。「伊勢斎王の母の女御が相ひ従ひて下向し給ふに、是は先の例も无ければ、早く留めしむべし」てへり。

規子内親王が伊勢斎宮（「伊勢斎王」）として伊勢国へと出立した後に発覚したのは、彼女の母親で村上天皇の女御であった徽子女王が同行している、ということであった。そして、これを知った円融天皇は、急いで勅命を下して、徽子女王を留めようとしたのである。

ここで、円融天皇が徽子女王を止めようとしたのは、『日本紀略』の伝えるところでは、伊勢斎宮が母親とともに下向した先例がなかったため（「是は先の例も无ければ」）であるが、これは、あくまでも表向きの理由に過ぎまい。現在の官僚の世界と同じく、王朝時代の朝廷では、先例（「先の例」）がないというのは、何かをしない（何かをさせない）という決定を下すときに、最も便利な口実として機能していたのであった。

その折、円融天皇が重要視したのは、徽子女王が二世女王であったことと、彼女が村上天皇の女御であったことと、であったろう。皇孫女である二世女王は、王朝時代においても、十分に尊貴な存在であった。また、村上天皇を父親とする円融天皇にとっては、父帝の村上天皇の女御であった女性は、それだけでも特別に尊貴な存在であった。そして、王朝時代の皇族たちや貴族たちの価値観において、地方というのは、尊貴な人間の住むところではなく、尊貴な人間は都にこそ暮らすべきものだったのである。

伊勢斎宮の寂しい暮らし

それでも、徽子女王は、娘とともに伊勢神宮への旅路を進んだ。勅命でさえも、彼女を止めることはできなかったのである。娘を一人では伊勢国に行かせまいとする母親の決意は、天皇にもどうにもできないほどに強固なものだったのだろう。

そして、徽子女王がそこまでの決意をしたのは、彼女自身に伊勢斎宮を務めた経験があったからであった。すなわち、朱雀天皇の時代、醍醐天皇の孫の二世女王として伊勢斎宮の任にあったのが、他ならぬ徽子女王だったのである。

なお、徽子女王の場合、八歳で伊勢斎宮に選ばれたため、伊勢国へと下ったのは、わずか十歳のときであった。もちろん、それ以降の彼女は、家族からも友人からも切り離された生活を送らなければならなかったわけだが、そうした日々は、さぞや寂しいものであったろう。次に詞書とともに引用するのは、『新古今和歌集』に採られた徽子女王の詠歌である。ここに詠み込まれているのも、彼女が体験した寂しさのほんの一部でしかあるまい。

伊勢より人に遣はしける　　女御徽子女王

人をなほ　恨みつべしや　都鳥　ありやとだにも　問ふを聞かねば

（あの人のことを、やはり、恨んで当然ですね、都鳥よ。あの人は、「元気でいますか〈「ありや」〉」と見舞う手紙さえくれないのですから。）

徽子女王が恨んだ相手は、誰だろうか。伊勢神宮にある徽子女王は、月日が経過するほどに寂しさを深めていったことだろう。が、それとは対照的に、都の家族たちや友人たちは、遠くに旅立った彼女のことを、時間の流れの中で次第に忘れていったのかもしれない。

そして、徽子女王は、そんな寂しい生活を、十歳から十七歳まで、足かけ八年にも渡って経験した。本来、伊勢斎宮に交代があるのは、天皇が代替わりしたときだけであったが、身内に不幸があって喪(も)に服(ふく)さなければならなくなった伊勢斎宮は、特別に任を解かれることになっていたため、徽子女王も、母親を亡くした十七歳のとき、伊勢斎宮を退(の)くことができたのである。それゆえ、彼女が伊勢斎宮を務めた期間は、それほど長くはなかった。とはいえ、十歳から十七歳までといえば、最も多感な時期であろう。そんな年頃に経験した寂しさは、徽子女王の心に終生に渡って消えない傷を残したに違いない。

それでも、都に戻った徽子女王は、思わぬ栄誉を授かることになる。朱雀天皇からの譲位によって即位した村上天皇が、彼女を女御として後宮に迎えたのである。伊勢斎宮であった彼女は、世に「斎宮女御(さいぐうのにょうご)」と呼ばれ、やがて、規子内親王を産むのであった。また、斎宮女御は、歌才を世に知られるや、村上天皇の女御としての権威もあって、当時の歌壇の中心人物の一人となる。彼女も、ようやく穏やかな人生を手に入れたのである。

ところが、四十七歳になった年のこと、徽子女王は、再び伊勢斎宮の卜定によって当たり前の日常を奪われる。すなわち、娘の規子内親王が伊勢斎宮に選定されたのである。そして、そのとき、彼女が都での生活の全てを捨ててまで娘と同行することを決めたのは、もちろん、彼女こそが伊勢斎宮の生活の寂しさを、誰よりもよく知っていたからであろう。

都に帰らないように命じられる伊勢斎宮

こうして母親同伴で伊勢神宮へと赴いたとき、新たな伊勢斎宮の規子内親王の年齢はというと、既に二十九歳にもなっていた。それゆえ、彼女は、その母親に比べれば、ずっと幸福な伊勢斎宮だったのである。

それに対して、一条天皇のときに伊勢斎宮に選ばれた恭子女王は、何とも気の毒な伊勢斎宮であった。二世女王の彼女は、一条天皇と同じく村上天皇を祖父としていたが、わずか三歳にして伊勢斎宮に卜定されたために、伊勢国に下ったときには、ようやく五歳になったところであった。もちろん、そんな幼い伊勢斎宮であっても、その母親が伊勢国まで同行することはない。そんなことができた母親は、伊勢斎宮の短くはない歴史を通じて、伊勢斎宮の辛さを骨身に染みて知っていた徽子女王だけであった。

そして、その恭子女王が伊勢国へと出立した永延二年（九八八）九月二十日の出来事を、藤原実資の『小右記』は、次のように記録している。

> 内侍の、勅を奉りて斎王の許に参り、「参るべし」の由を伝へ示す。斎王の御

前に進み候ふ頗る遅く参るに依りて、余の進みて催し申すに、乳母の之を抱く。此の間、黄昏に及ぶ。

（内侍は、勅命を承って伊勢斎宮さまのところに参上して、「天皇さまの御前に参上せよ」という天皇さまのご命令を伝える。すると、斎宮さまは、御前に進み出る〈このとき、斎宮さまの歩みがあまりにも遅かったので、私［蔵人頭藤原実資―著者注］が近寄って急がせ申し上げると、斎宮さまの乳母殿が、斎宮さまを抱き上げて、そのまま天皇さまの御前にお連れする。そうしている間に、夕方になっていた〉。）

この日、大内裏内の大極殿では、天皇が伊勢斎宮（「斎王」）を伊勢国へと送り出す儀式が行われた。そして、このとき、大極殿の玉座に着いて五歳の伊勢斎宮と対面した一条天皇も、まだ九歳の童であったから、この日の儀式は、かわいらしいものというよりも、ひどく痛ましいものであった。事実、蔵人頭や伊勢斎宮の乳母が気を利かせなければ、進行もままならなかったのである。

だが、この儀式で最も痛ましかったのは、『小右記』が次のように伝える場面であろう。

天皇の櫛を以て斎王の額に刺す勅して曰く、「京の方ヱ赴き給フナ」と。

天皇は、伊勢斎宮を送り出す儀式の最後、斎宮の額髪に黄楊の櫛を挿すことになっていた。また、その折、天皇は、斎宮に「都の方へ赴き給ふな」と告げることになっていたのだが、「都の方へ赴き給ふな」とは、つまり、「都には帰って来るな」ということである。もちろん、伊勢斎宮の都への帰還が、基本的には、天皇の交代を意味した以上、右の言葉も、天皇としては当然の縁起担ぎであった。それゆえ、全ての伊勢斎宮たちが、これを告げられることになっていたのである。ただ、その一言が、九歳の天皇から五歳の斎宮へと伝えられたとなると、現代の大人としては、いい気持ちはしないものであろう。「都の方へ赴き給ふな」と、言った九歳も、言われた五歳も、果たして、その言葉の意味を理解していたのだろうか。

伊勢斎宮の家族たちの気持ち

ときに、伊勢斎宮の家族は、どんな気持ちでいたのだろうか。残念ながら、これについては、ほとんど手がかりがない。とはいえ、ほとんどないだけであって、全くないわけではない。次に引用する『大鏡』の一節などは、まさに伊勢斎宮の父親の心情を伝えてくれるのである。

斎宮下らせ給ふ別れの御櫛挿させ給ては、互みに見返らせ給はぬことを、思ひかけぬに、この院は向かせ給へりしに、……

(伊勢国へと下向なさる伊勢斎宮さまを送り出す儀式では、天皇さまが斎宮さまの額髪に餞別の櫛〈「別れの御櫛」〉をお挿しになった後は、天皇さまも、斎宮さまも、互いに相手の方に振り返ってはならないものを、思いもかけなかったことに、三条天皇さまは、斎宮さまの方に振り返ってしまわれたので、……）

ここに語られているのは、愛娘の皇女を伊勢斎宮として送り出さなければならなかった天皇の気持ちである。三条天皇は、彼の一日も早い退位を望む藤原道長から数々の嫌がらせを受けていたが、そうした嫌がらせの一環として、よりにもよって、第一皇女の当子内親王を伊勢斎宮にされてしまう。そんな三条天皇にとって、伊勢斎宮を送り出す儀式の最後、例の言葉を口にしなければならないというのは、どれほど残酷なことであったか。そして、三条天皇は、気持ちを抑えきれなくなり、本来は振り返ってはならない伊勢斎宮の方に振り返ってしまったのであった。

こうした事例があることからすれば、娘や姉妹を伊勢斎宮として伊勢神宮へと送り出すことになった家族というのは、やはり、ひどく悲しんだものだったのではないだろうか。『蜻蛉日記』には、陸奥守に任命された作者の父親が陸奥国に向けて出立するにあたって、「行く人も、せきあへぬまでありて、留まる人はた、況いて言ふ方なく悲しきに」と、旅立つ父親も、見送る作者も、溢れんばかりの涙を流したことが見えるが、これは、王朝時代において、あまりにも一般的な光景であったろう。そして、国司の門出にあたって、国司本人も、国司の家族たちも、今生の別れであるかの如くに悲しんだのは、まさにそれが今生の別れとなることが往々にしてあったからに他ならない。

とすれば、伊勢斎宮を送り出す家族も、その娘なり姉妹なりとはもう二度と会えないことを考えたはずであろう。事実、徽子女王が伊勢斎宮として伊勢神宮にある間に亡くなった彼女の母親は、生きて再び娘と会うことはできなかったのである。伊勢斎宮の家族たちが悲しい思いをしていたことは、間違いあるまい。

そうした意味では、六条御息所の娘を伊勢斎宮として送り出した賢木巻の朱雀帝は、ずいぶんと不謹慎な涙を流したものである。天皇として伊勢斎宮を送り出す儀式に臨んだ朱雀帝は、儀式の最後に、「別れの櫛奉り給ふほど、いとあはれにて、潮垂れさせ給ひぬ」と、涙をこらえられなくなるのであったが、その涙は、初めて対面した伊勢斎宮との別れを悲しんでのものではなく、伊勢斎宮の予想外の美貌を惜しんでのものだったのである。

ただ、王朝時代の皇女たちが伊勢斎宮の務めを嫌った理由は、それが寂しい生活を前提としたことだけではなかった。彼女たちは、伊勢斎宮を罪深いものと見ていたのである。

「罪深きところ」に暮らす伊勢斎宮

六条御息所が娘の伊勢斎宮とともに伊勢神宮に赴いたというのは、既に触れたところであるが、六条御息所の娘は、朱雀帝の伊勢斎宮であったため、澪標巻において朱雀帝が退位すると、伊勢斎宮の任を解かれて都へと帰ることとなり、六条御息所もまた、都へと戻って来る。しかし、帰洛した六条御息所は、重い病の床に臥してしまい、さらには、出家してしまう。このあたりは、次のように語られる。

> にはかに重く患ひ給ひて、もののいと心細く思されければ、罪深きところに年経つるもいみじう思して、尼になり給ひぬ。

六条御息所が病気を機に出家したのは、「罪深きところに年経つる」ためであった。すなわち、彼女は、「罪深きところ」で何年も暮らしていたがゆえに、病臥した機会に出家したのである。そして、ここに言われる「罪深きところ」とは、六条御息所が都に帰る以前に暮らしていた場所であろうから、娘の伊勢斎宮とともに幾年月を過ごした伊勢神宮の他にはあり得ない。

では、なぜ、伊勢神宮が「罪深きところ」なのだろうか。八百万の神々の頂点にして天皇家の祖でもある神が祀られる伊勢神宮は、むしろ、最も神聖な地であろうに。

しかし、伊勢神宮が「罪深きところ」とされたのは、そこが最も神聖な神社であったからこそであった。すなわち、最も重要な神社であった伊勢神宮においては、仏教が徹底的に排除されたのであり、それゆえに、仏教の影響が強かった王朝時代には、あくまで仏教の信仰の文脈においてではあるが、仏教の信仰が許されない「罪深きところ」とされたのである。

伊勢神宮では、例えば、仏教に関わる言葉を口にすることさえもが、厳しく禁じられていた。しかも、その禁制は、きちんと法制化されてもいたのである。そして、その条文は、『延喜式』に次の如くに見えている。

> 凡そ、忌詞は、内に七言のあり。「仏」を「中子」と称ふ。「経」を「染紙」と称ふ。「塔」を「阿良良岐」と称ふ。「僧」を「髪長」と称ふ。「尼」を「女髪長」と称ふ。「斎」を「片膳」と称ふ。

もちろん、「仏」「経」「塔」「僧」「尼」といった言葉を使うことさえ許されない伊勢神宮においては、仏教を信仰することなど、絶対に不可能である。したがって、神官たちも、伊勢斎宮も、伊勢神宮にある限りは、仏教の信仰を完全に諦めざるを得ないのであった。

しかし、王朝時代といえば、貴族層の人々を中心に、地獄への恐れが深まり、極楽往生の願いが強まった時代である。『扶桑略記』という史書は、寛和元年（九八五）四月のこととして、「天台沙門源信の『往生要集』を撰するに、天下に流布す」と伝えるが、源信の『往生要集』は、極楽往生の指南書であり、これが「天下に流布す」るほどに、多くの人々が死後には阿弥陀如来の極楽浄土へと赴くことを強く望んだのが、王朝時代なのである。

それにもかかわらず、伊勢神宮においては、念仏を唱えることさえ許されなかったのであるから、そこは、当時の人々からすれば、まさに「罪深きところ」であった。

人生を楽しむ賀茂斎院

『紫式部日記』の最も広く知られる一節は、もしかすると、次に引用する清少納言への悪口であろうか。

清少納言こそ、したり顔に、いみじう侍りける人。さばかり賢し立ち、漢字書き散らして侍るほども、よく見れば、まだいと足らぬこと多かり。

紫式部に妬まれる皇女は幸福か

ここで紫式部のやっていることは、ジャンケンの後出しと変わらない。紫式部が歴史の表舞台に出てくるのは、清少納言が退場した後のことであったから、紫式部は幾らでも清少納言の悪口を言いふらすことができたが、清少納言には紫式部に反論する機会さえなかったのである。それをわかっていて、ここぞとばかりに清少納言を潰しにかかった紫式部は、本当は、ただただ清少納言が妬ましかっただけなのではないだろうか。

紫式部の嫉妬深い性格は、彼女自身が『紫式部日記』を通じて証明している。例えば、次の一節には、歌人として世にもてはやされる和泉式部への妬みが満ち満ちていよう。

和泉式部といふ人こそ、……。実の歌詠みざまにこそ侍らざめれ。……。「恥づかしげの歌詠みや」とは思え侍らず。

ここで、紫式部は、和泉式部を「本物の歌人ではない」「畏敬すべき立派な歌人ではない」と貶める。が、この後、応徳三年（一〇八六）に勅撰和歌集として成立する『後拾遺和歌集』に最も多くの和歌を採られた歌人は、他でもない、和泉式部なのである。

また、紫式部の妬みは、世間が注目する賀茂斎院および斎院の女房たちにも向けられた。

紫式部の知る賀茂斎院とは、村上天皇第十皇女の選子内親王であるが、この皇女は、世に歌人として知られる存在だったのである。しかも、和歌に優れた女房たちを集めた選子内親王の周辺は、当時の歌壇の中心ともなっていた。これが紫式部の嫉妬の対象とならないはずはなく、『紫式部日記』に次のような一節が記されることになる。

斎院より出で来たる歌の、「優れてよし」と見ゆるも、殊に侍らず。ただ、いとをかしう、由々しうは御すべかめるところのやうなり。

「賀茂斎院さまの周辺から世に出た和歌に、『すばらしくよい』と思えるものなど、特にありませんね。ただ、斎院さまも、女房の皆さまも、風雅な生活を送っていらっしゃるようですけれど」とは、ずいぶんな言い種であろう。しかし、事実としては、選子内親王の女房の「中将」が一首を、同じく「中務」が二首を、『後拾遺和歌集』に入撰させているのであり、選子内親王に至っては、七首もの和歌を『後拾遺和歌集』に採られているのである。これに対して、『後拾遺和歌集』に見える紫式部の詠歌は、三首に過ぎないから、彼女が選子内親王と彼女の女房たちとを妬んでいたことは、疑うべくもあるまい。

それにしても、紫式部の嫉妬の対象となったことからすると、選子内親王は、賀茂斎院を務めながらも、よほど楽しそうな生活を送っていたのだろう。賀茂斎院を務めることもまた、王朝時代の皇女たちに最後に残された重要な役割の一つである。が、賀茂斎院というのは、前節に見た伊勢斎宮のような気の毒な存在ではなかったのだろうか。

『延喜式』に見る賀茂斎院

『延喜式』において賀茂斎院に関わる条文の最初に置かれているのは、次の一条である。

凡そ、天皇の位に即かば、賀茂大神の斎王を定めよ。仍りて、内親王の未だ嫁がざる者を簡びて之を卜めよ若し、内親王の無くんば、世次に依りて諸の女王を簡びて之を卜めよ。

これによれば、賀茂斎院というのは、天皇の代替わりがあるごとに、新たに選び直されるものであった。つまり、原則として、賀茂斎院は、天皇とセットで交代したのである。また、右の条文によると、賀茂斎院というのは、未婚の皇女（内親王）が務めなければならないものであった。もちろん、未婚の皇女が不在であるときには、二世以下の未婚の女王（皇孫女・皇曽孫女・皇玄孫女）が賀茂斎院を務めてもいいことになってはいる。が、未婚の皇女がいる限りは、彼女こそが賀茂斎院を務めるべきであった。

なお、右に「賀茂大神の斎王」と見えるように、「斎王」こそが、賀茂斎院の本来の呼称である。それにもかかわらず、彼女がしばしば「斎院」と呼ばれるのは、平安京北郊の紫野に用意された彼女の居所が「斎院」と呼ばれていたからに他ならない。

しかし、賀茂斎院（「斎王」）は、選ばれてすぐには、賀茂社に参ることもなければ、紫野の斎院に移ることもない。『延喜式』の次の二つの条文によれば、新たに卜定された賀茂斎院は、選ばれた年の翌々年の四月までは、大内裏の中に設けられた「初斎院」と呼ばれる臨時の居所において、ひたすら潔斎に努め、そのうえで、その四月の賀茂祭に際し

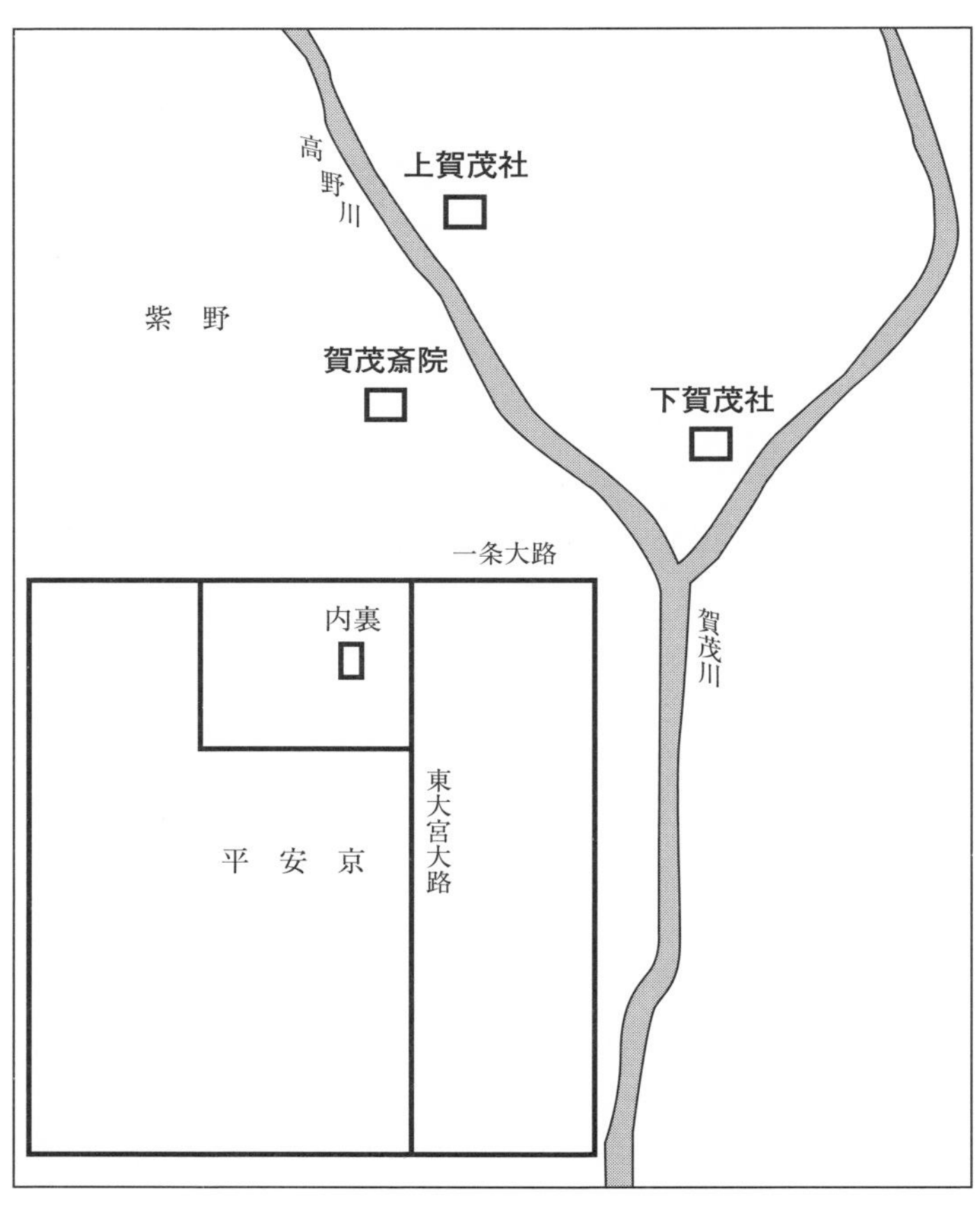

図12　賀茂社・賀茂斎院の位置

て初めて賀茂社の社頭へと赴くことができたのであり、また、この最初の賀茂社参詣を済ませたとき、初めて紫野の斎院に入ることができたのである。

> 凡そ、斎王を定め畢らば、即ち宮城の内の便所を卜めて初斎院と為し、即ち、先づ川の頭に臨みて禊祓し、乃ち入れ。
>
> 凡そ、斎王は初斎院に於いて三年の斎す。畢らば、其の年の四月、始めて将に神の社に参らんとするに、先づ吉日を択びて流れに臨みて禊祓せよ。

紫野の斎院に落ち着いた賀茂斎院（「斎王」）は、その翌年からも、毎年、四月の例祭の日に賀茂社に参詣しなければならなかった。それは、『延喜式』の次の条文に明らかなところであろうが、この場合の賀茂社というのは、もちろん、上賀茂社・下賀茂社の両社のことであり、また、四月の例祭というのは、四月の二回目の酉日（「中酉日」）を祭日とする定例の祭儀のことである。

> 凡そ、斎王は、毎年、四月の中酉日に上下の両つの社の祭に参れ。

ただ、賀茂斎院は、しばしば言われる「賀茂社の最上級の巫女」などではない。『延喜式』の条文に見る限り、賀茂斎院は、賀茂祭の日、ただ上賀茂社および下賀茂社に参詣するだけであって、何をするわけでもないのである。天皇に代わって玉串を奉献する役目は、内蔵寮から選ばれる勅使によって担われたため、玉串の奉献にさえ携わらない賀茂斎院は、まさに単なる参拝者に過ぎない。それにもかかわらず、四月の賀茂祭には欠かすことができなかったというのだから、賀茂斎院というのは、何とも不思議な存在である。

賀茂斎院の務めを受け容れる皇女たち

『源氏物語』の賀茂斎院といえば、やはり、朝顔の姫君であろう。彼女は、光源氏から求婚され続けながらも、彼との結婚に幸福はないと見定めて、世の多くの女性たちがうらやむ縁談を断り続けた、何とも賢明な女性である。それゆえ、彼女にとっては、賀茂斎院に卜定されたことも、光源氏の執拗な求婚を断るうえで、格好の口実となったのであった。

ただ、朝顔の姫君の身分は、「宮」と呼ばれないことに明らかなように、皇女ではない。彼女は、光源氏の父方の従姉妹の一人ではあったが、光源氏の父親が桐壺帝であったのに対して、彼女の父親は桐壺帝の弟宮で即位することなく一人の皇子として世にあった桃園式部卿宮であったから、彼女の身分は、紫の上や末摘花と同じ二世女王に過ぎなかった。つまり、朝顔の姫君は、『延喜式』が原則として定める皇女（内親王）の賀茂斎院ではなく、『延喜式』では但し書きの中で許容されるばかりの、二世女王の賀茂斎院だったのである。

表18　賀茂斎院たち

斎院	朝	備考
①有智子内親王（嵯峨天皇皇女）	嵯峨朝（八一〇〜八二三）	初代賀茂斎院
②時子女王（嵯峨天皇皇孫女）	淳和朝（八二三〜八三三）	
③高子内親王（仁明天皇皇女）	仁明朝（八三三〜八五〇）	
④慧子内親王（文徳天皇皇女）	文徳朝（八五〇〜八五七）	
⑤述子内親王（文徳天皇皇女）	文徳朝（八五七〜八五八）	
⑥儀子内親王（文徳天皇皇女）	清和朝（八五九〜八七六）	
⑦敦子内親王（清和天皇皇女）	陽成朝（八七七〜八八〇）	
⑧穆子女王（仁明天皇皇孫女）	陽成朝（八八二〜八八七）	
⑨穆子内親王（光孝天皇皇女）	光孝朝（八八四〜八八七）	⑧と同一人物
⑩直子女王（文徳天皇皇孫女）	宇多朝（八八九〜八九二）	
⑪君子内親王（宇多天皇皇女）	宇多朝（八九三〜九〇二）	
⑫恭子内親王（醍醐天皇皇女）	醍醐朝（九〇三〜九一五）	
⑬宣子内親王（醍醐天皇皇女）	醍醐朝（九一五〜九二〇）	
⑭韶子内親王（醍醐天皇皇女）	醍醐朝（九二一〜九三〇）	
⑮婉子内親王（醍醐天皇皇女）	朱雀朝（九三一〜九六七）	
⑯婉子内親王（醍醐天皇皇女）	村上朝（九四六〜九六七）	⑮と同一人物
⑰尊子内親王（冷泉天皇皇女）	冷泉朝（九六八〜九六九）	
⑱尊子内親王（冷泉天皇皇女）	円融朝（九六九〜九七五）	⑰と同一人物
⑲選子内親王（村上天皇皇女）	円融朝（九七五〜九八四）	
⑳選子内親王（村上天皇皇女）	花山朝（九八四〜九八六）	⑲と同一人物
㉑選子内親王（村上天皇皇女）	一条朝（九八六〜一〇一一）	⑲と同一人物

㉒選子内親王（村上天皇皇女）	三条朝（一〇一一～一〇一六）	⑲と同一人物
㉓選子内親王（村上天皇皇女）	後一条朝（一〇一六～一〇三一）	⑲と同一人物
㉔馨子内親王（後一条天皇皇女）	後一条朝（一〇三一～一〇三六）	
㉕娟子内親王（後朱雀天皇皇女）	後朱雀朝（一〇三六～一〇四五）	
㉖禖子内親王（後朱雀天皇皇女）	後冷泉朝（一〇四五～一〇五八）	
㉗正子内親王（後朱雀天皇皇女）	後冷泉朝（一〇五八～一〇六八）	
㉘正子内親王（後朱雀天皇皇女）	後三条朝（一〇六八～一〇六九）	
㉙佳子内親王（後三条天皇皇女）	後三条朝（一〇六九～一〇七二）	
㉚篤子内親王（後三条天皇皇女）	白河朝（一〇七三～一〇七三）	
㉛斉子女王（小一条院皇女）	白河朝（一〇七四～一〇八六）	

※王朝時代の終わりまでの賀茂斎院のみを扱う。

ところが、現実の賀茂斎院たちのほとんどは、朝顔の姫君のような二世女王ではなく、歴とした皇女であった。賀茂斎院がはじまった嵯峨朝から王朝時代の終わりの白河朝までに、歴代の賀茂斎院たちは、三十一人を数えることになるが、このうち、二世女王の賀茂斎院は、わずか四人だけなのである。すなわち、計三十一人のうち、その九割に近い二十七人までが、原則通りの皇女の賀茂斎院だったことになる。

しかも、宇多朝から白河朝までの王朝時代の賀茂斎院だけに注目するならば、全二十二人のうちの二十一人までが、皇女の賀茂斎院であった。二世女王の賀茂斎院は、わずか一人だけなのである。

既に明らかにしたように、伊勢斎宮に関しては、はっきりと、王朝時代には二世女王たちに押し付けられる傾向が見られた。王朝時代の皇女たちに最後に残された重要な存在意義の一つであったにもかかわらず、伊勢斎宮の務めは、皇女たちにひどく嫌われていたのである。これに対して、賀茂斎院は、ほとんどの場合に正しく皇女の務めるところとなっていたように、王朝時代の皇女たちの間でも、最後の重要な役割として前向きに受け容れられていたのであった。

そして、それゆえのことであろうか、王朝時代においては、天皇の代替わりがあっても賀茂斎院の交代がないという事態が、かなり頻繁に起きるようになる。すなわち、朱雀朝の賀茂斎院であった婉子内親王が村上朝の賀茂斎院でもあった如くであり、冷泉朝の賀茂斎院であった尊子内親王が円融朝の賀茂斎院でもあった如くであり、後冷泉朝の賀茂斎院であった正子内親王が後三条朝の賀茂斎院でもあった如くであり、そして、極め付けとしては、円融朝の賀茂斎院であった選子内親王が花山朝・一条朝・三条朝・後一条朝の賀茂斎院でもあった如くである。

ちなみに、円融朝・花山朝・一条朝・三条朝・後一条朝の五代の賀茂斎院を務め、足かけ五十七年の長きに渡って賀茂斎院の任にあり続けた選子内親王を、当時の人々は、敬意を込めて「大斎院（おおさいいん（だいさいいん））」と呼んだのであった。

罪深くない賀茂斎院

『延喜式』には、賀茂社において口にしてはならない言葉を定める、次のような条文が見られる。

> 凡（おおよ）そ、忌詞（いみことば）は、「死」を「直（なお）る」と称ふ。「病（やまい）」を「息（やす）む」と称ふ。「泣く」を「塩垂（しおた）る」と称ふ。「血」を「汗（あせ）」と称ふ。「宍（しし）」を「菌（くさびら）」と称ふ。「打つ」を「撫（な）づ」と称ふ。「墓」を「壌（つちくれ）」と称ふ。

「死」といい、「病（やまい）」といい、「墓」といい、確かに、われわれ現代人にとっても、何かしら縁起の悪さを感じてしまう言葉であろう。少なくとも、正月元日に「死」「病」「墓」といった言葉を積極的に口にしていたら、間違いなく、周囲に嫌な顔をされることだろう。また、「泣く」「血」「宍（しし）」「打つ」も、絶対に正月の書初（かきぞ）めの題材にはならない言葉である。動物の肉を意味する「宍」も、殴ることを意味する「打つ」も、縁起の悪い言葉ではないまでも、気持ちのいい言葉ではあるまい。

また、右の「死」「病」「泣く」「血」「宍」「打つ」「墓」の七つの言葉は、賀茂社においてのみならず、伊勢神宮（いせじんぐう）においても、使ってはならない言葉とされていた。前節で紹介した伊勢神宮において仏教関係の言葉を使うことを禁止する条文には続きがあって、その続きの条文が、右の七語の使用を禁止しているのである。

ところが、賀茂社での仏教関係の言葉の使用を制限する条文は、『延喜式』には確認されない。賀茂社では、「死」「病」「泣く」「血」「宍」「打つ」「墓」といった言葉を使うことは、固く禁じられたものの、仏教関係の言葉を使うことは、全く制約されなかったのである。

そして、それは、賀茂社においては、仏教を信仰することが許されていたからであった。いや、賀茂社は、仏教の信仰を許容していたというよりも、もっと積極的に、仏教の信仰を歓迎していたのである。賀茂社においては、僧侶による読経を奉納する神前読経が頻繁に行われたが、それは、まさに、賀茂社が仏教を好んだからこそであった。

それゆえ、賀茂斎院には、斎院の任にありながら仏教を信仰することが可能であった。実際、かの大斎院選子内親王などは、斎院を務めつつ、かなり熱心に仏道修行を続けていたらしく、その片鱗が、『後拾遺和歌集』に次のように見えている。

少納言亡くなりて、あはれなる事など嘆きつつ、置きたりける
百和香を、小さき籠に入れて、兄弟の棟政朝臣の許に遣しける　選子内親王

法のため　摘みける花を　数々に　今はこの世の　形見とぞ見る

（仏道修行のために今は亡き少納言と一緒に摘んだたくさんの花々を、今となっては現世で少納言を偲ぶ形見として見ることですよ。）

なお、詞書をも現代語に訳すならば、「乳母の少納言が亡くなった後、彼女にまつわるしみじみとしたことを思い出しては泣きながら、彼女が亡くなる以前に置いたままにしていた百和香を小さな籠に入れて、彼女の兄弟の棟政殿のところに持って行かせた折の歌」となろうか。乳母とともに仏道修行に励んだ賀茂斎院は、罪深さとは無縁であった。

都の貴公子たちを魅了する大斎院選子内親王の周辺

ここに引用するのは、『今昔物語集』が巻第十九第十七「村上天皇の御子の大斉院の出づる語」として伝える一話の冒頭部分である。

今は昔、大斉院と申すは、村上の天皇の御子に御します。円融院天皇は御兄に御しませば、其の御時に斉院には立たせ給へる也。其の後、斉院にて御します間、世に微妙く可咲しくてのみ御しませば、上達部・殿上人、絶えず参れば、院の人共も緩む事無く、打ち解けずしてのみ有れば、「斉院許の所無し」となむ、世の人、皆云ひける。

これによると、世に「大斎院」（「大斉院」）と呼ばれた村上天皇第十皇女選子内親王が賀茂斎院であった頃、賀茂斎院の居所であった平安京北郊の斎院には、連日、都の貴族男性たちが出入りしていたらしい。どうやら、賀茂斎院が女性であったにもかかわらず、紫野の斎院は、男子禁制とされてはいなかったようなのである。

そして、貴族男性たちが頻りとわざわざ都から紫野の斎院まで足を運んだのは、大斎院選子内親王の暮らしぶりが、「世に微妙く可咲しくてのみ御しませば」と評されるようなものであったからに他ならない。当時の人々は、「斉院許の所無し」と、大斎院選子内親王の暮らす紫野の斎院ほどに風情のある場所はないものと見ていたのであった。

次に詞書とともに引用するのは、『後拾遺和歌集』に採られた一首であるが、ここから窺われるのは、大斎院選子内親王の紫野の斎院における正月三日の風景である。そして、ここに感じられる知的でありながら楽しげな雰囲気こそが、都の貴公子たちを魅了したものであり、世に「斉院許の所無し」と言わしめたものであったろう。

選子内親王、斎院と聞こえけるとき、正月三日、上達部、
数多参りて、「梅が枝」といふ歌を謡ひて遊び侍りけるに、
内より土器出だすとて、詠み侍りける　　詠み人知らず

降り積もる　雪消え難き　山里に　春を知らする　鶯の声

われわれ現代人の多くは、正月の三ヶ日を、一年で最ものんびりできる期間と捉えていたりしないだろうか。しかし、王朝時代の貴族男性たちのほとんどにとって、正月の三ヶ日というのは、とんでもなく忙しいものであった。というのも、新年の挨拶（あいさつ）のために、元旦からあちらこちらへと足を運ばなくてはならなかったからである。

もしかすると、このあたりは、『源氏物語』の読者には、お馴染みのことかもしれない。初音（はつね）巻の序盤、新年を迎えた六条院（ろくじょういん）第は、「朝（あした）のほどは、人々（ひとびと）参り混（こ）みて、もの騒（さわ）がしかりけるを」と、太政大臣（だじょうだいじん）として世に重きをなす光源氏への挨拶に訪（おとず）れた人々でごった返していたように、当時の貴族男性たちは、正月元旦から、有力者たちへの挨拶回りに勤（いそ）しまなければならなかったのである。また、有力貴族の側も、光源氏が夕方になるまで女君（おんなぎみ）たちと逢（あ）うこともできなかったように、挨拶を受けることに忙しくしていたのであった。

とすれば、政治権力などとは無縁であったにもかかわらず、正月三日から多くの貴公子たちの訪問を受けた大斎院選子内親王の周辺は、本当に魅力に溢れていたのだろう。

大斎院選子内親王の文学サロン

ときに、右の引用が『後拾遺和歌集』からのものであるということは、すなわち、当時の紫野の斎院には、勅撰和歌集への入集を果たすほどの歌人が、大斎院選子内親王および彼女に仕える「中将」「中務」の二人の女房たちの他にも、まだいたことを意味する。その優れた歌人の詠歌が「詠み人知らず」の扱いになっている理由はわからないが、大斎院選子内親王の時代の紫野の斎院に和歌に堪能な女房たちが集まっていたことは、全く疑うべくもあるまい。そこは、言わば、王朝時代の文学サロンだったのである。

そして、当時、もう一つ存在した文学サロンが、一条天皇の中宮となり皇后となった藤原定子の周辺であった。これについては、是非とも『枕草子』をご覧いただきたいところであるが、その『枕草子』からは、定子と大斎院選子内親王との間に交友があり、定子の周辺と大斎院選子内親王の周辺との間にも交友があったことが窺われる。

『枕草子』の「職の御曹司に御します頃、西の廂に」と書き出される一段には、長保元年（九九九）の正月元日の夜、大斎院選子内親王から中宮定子に贈り物があったことが見える。その折の贈り物というのは、正月の縁起物の卯槌であったが、それには、歌人として知られる大斎院らしく、定子を言祝ぐ次の一首が添えられていたという。

山響む　斧の響きを　訪ぬれば　祝ひの杖の　音にぞありける

（山を揺るがすような大きな斧の音がするので、その音がするところに行ってみると、聞こえていたのは、あなたのために縁起物の杖〈卯槌〉を伐り出す音でしたよ。）

そんな大斎院選子内親王であるから、男女を問わず、優れた歌人には常に好意的であった。『今昔物語集』巻第二十四第五十七「藤原惟規の和歌を読みて免さるる語」などは、次に紹介する如く、まさしく大斎院選子内親王が一人の歌人に厚意を示した話である。

蔵人の藤原惟規は、大斎院選子内親王に仕える女房の一人と秘密の恋人どうしであり、毎夜、紫野の斎院に忍び込んでは、女房の局で逢瀬を楽しんでいた。が、ある夜、斎院を警護する人々が、惟規の侵入を見咎めると、事情を知らないまま、侵入者を斎院に閉じ込めて捕らえようと、門という門を閉ざしてしまう。当然、そのままでは、惟規と女房との関係が公にされてしまうところであったから、それを憂えた女房は、全てを大斎院に打ち明けて、大斎院から警護の人々に門を開けるように命じてもらう。そして、どうにか無事に斎院から脱出することができた惟規は、即興で次のように詠むのであった。

神垣は　木の丸殿に　あらねども　名告りをせぬは　人咎めけり

（紫野の斎院の神垣は、丸太で作られた天智天皇さまの宮ではありませんが、名告りもせずに出入りしたら、警護の人に咎められてしまいました。）

この一首は、世に秀歌と認められて、やがて、『後拾遺和歌集』に続く勅撰和歌集の『金葉和歌集』に採られることになるが、これを詠んだ惟規もまた、『今昔物語集』に「彼の惟規は、極じく和歌の上手にてなむ有りける」と評される優れた歌人である。そして、この惟規が大斎院選子内親王に恩情をかけられたのは、まさに、その歌才のゆえであった。

華やかなる大斎院歌壇

さて、これほどまでに世に高く評価されて自身も満足げにしていた大斎院選子内親王であったから、嫉妬深い紫式部に妬まれないはずがなかった。

とはいえ、さすがに皇女を直接に妬んだり嫉んだりするわけにもいかなかったのだろう、紫式部が矛先を向けたのは、大斎院選子内親王に仕える女房たちであった。ここで、再び『紫式部日記』を引用しよう。

「斎院に『中将の君』といふ人侍るなり」と聞き侍る便りありて、人のもとに書き交はしたる文を、密かに人の取りて見せ侍りし。……。文書きにもあれ、「歌などのをかしからむは、わが院より他に、誰か見知り給ふ人のあらむ。世にをかしき人の生ひ出でば、わが院のみこそ、御覧じ知るべけれ」などぞ侍る。

（「大斎院選子内親王さまのもとに『中将の君』と呼ばれる女房がお仕(つか)えしているらしい」と耳にします機会がありまして、その中将の君が中宮彰子(あきこ)さまにお仕えする他の女房との間でやり取りした手紙を、こっそりと別の女房が取り出して私に見せてくれました。……。その手紙に書いてあったのですが、「和歌のすばらしいものなどは、わが主の大斎院さまをおいては、誰かきちんと見分けなさるような方(かた)があるでしょうか。もし新たに才能のある歌人が現れたなら、きっと、私の斎院さまだけが、そのことにお気付きになるでしょう」などと言うのです。）

大斎院選子内親王の周辺には、「大斎院歌壇」と呼ばれてもよさそうな文学サロンがかたち作られ、かつ、そこに加わる人々は、楽しげであるうえに、世間の注目を集めてもいたのであったが、そうしたことの全てが、紫式部にはうらやましくて仕方なかったのだろう。彼女自身が『紫式部日記』の中で認めているように、彼女の仕える中宮藤原彰子は、ひどく地味な性格をしていて、それゆえ、中宮彰子の周辺を取り巻いていたのも、地味な空気であった。そんなところにいる者には、紫野の斎院は、さぞや輝いて見えたことだろう。

なお、右の引用で中略した部分は、そこだけを改めて引用すると、次の如くとなる。

いとこそ艶に、われのみ世にはものの故知り、心深き類はあらじ、全て世の人は心も胆もなきやうに思ひて侍るべかめる、見侍りしに、すずろに心疚しう、「公腹」とか、よからぬ人の言ふやうに、憎くこそ思う給へられしか。

（その手紙は、ひどく気取っていて、自分だけがものの道理を弁えていて、思慮の深さで並び立つ者などなく、世間の全ての人々は情趣も分別も持ち合わせていないかのように思っている、そんな内容でして、この手紙を見てしまったものですから、どうにも不愉快で、「世論の怒り〈「公腹」〉」とか、しばしば騒ぎを起こすような人々の言うように、憎たらしく思えて仕方ありませんでした。）

何やら、誰かが紫式部について書いたかのような一文なのだが、それは、とりもなおさず、大斎院選子内親王に仕える女房もまた、紫式部に劣らぬ才媛だったからに他ならない。そして、そんな才能ある女房たちに囲まれて、都の貴公子たちをも魅了しつつ、人生を楽しんでいたのが、王朝時代の賀茂斎院たちを代表する、大斎院選子内親王なのである。

王朝時代の「貴族」たち

上中下に分かたれる貴族たち

光源氏の傍らには、いつも惟光がいる。北山でも、須磨や明石でも、さらには、「なにがしの院」と呼ばれる不気味な邸宅でも、光源氏の供人を務めていたのは、惟光であった。

惟光は下っ端か

そして、惟光は、ひたすら光源氏に尽くす。光源氏が所謂「お忍び」ゆえに牛車を使わずに夕顔を訪ねようとしたとき、自分の馬を光源氏に提供して、自身は徒歩で付き従ったのは、惟光であった。また、なにがしの院で夕顔が急死したとき、世に悪い評判が立つことを恐れる光源氏のため、内密の葬送を手配して夕顔の死を隠蔽したのも、この惟光である。さらに、光源氏が若紫を拉致したとき、それを手伝ったのも、惟光であった。光源氏の傍らにあって彼のために汚れ仕事を引き受けるのは、常に、この惟光だったのである。それゆえ、惟光は、現代の読者には、下っ端だと思われがちである。が、これは、ひどい誤解である。しかも、それは、王朝時代の読者たちの間ではあり得ない誤解なのである。

物語の中で、惟光は、しばしば「朝臣」「惟光朝臣」などと呼ばれる。「朝臣」というのは、天武天皇が「八色の姓」として定めた姓の一つである。清原夏野・小野篁・大伴弟麻呂といった平安時代前期の歴史上の人物は、正しくは「清原真人夏野」「小野朝臣篁」「大伴宿禰弟麻呂」などと呼ばれるべきなのだが、ここに見える「真人」「朝臣」「宿禰」が姓であって、この姓によって表されるのは、個人の地位ではなく、各個人の属する氏族の格である。「真人」が姓の最上位にあり、「朝臣」「宿禰」は、それぞれ、二番目と三番目とであったから、右に登場した三つの氏族は、上から順に清原氏・小野氏・大伴氏と格付けられていたことになる。

ただ、その姓も、個々人にとって意味を持つことがあった。すなわち、五位以上の位階を持つ者は、名前を呼ばれるとき、名前の下に姓を付けて「夏野真人」「篁朝臣」「弟麻呂宿禰」などと

表19　「八色の姓」一覧

八色の姓
真人（まひと）
朝臣（あそん）
宿禰（すくね）
忌寸（いみき）
道師（みちのし）
臣（おみ）
連（むらじ）
稲置（いなぎ）

呼ばれるものであったが、六位(ろくい)以下の位階の者は、公式の場においてさえ、姓を付けられずに、ただ名前だけを呼ばれたのである。五位以上の位階を持つ者が律令(りつりよう)に定められた法律上の貴族であることは、広く知られていようが、要するに、姓には貴族の称号のような役割もあったのであった。

したがって、「朝臣」と呼ばれたり「惟光朝臣」と呼ばれたりした惟光は、明らかに五位以上の位階を持っていたことになる。彼は、はっきりと法律上の貴族の身分にあったのであり、王朝時代において、少なくとも受領国司(ずりようこくし)たちの多くとは同格の貴族であった。現代人の間では、ときに、王朝時代の受領国司をも下っ端とする勘違いが見受けられるが、当時の受領国司は、現代においてなら、都道府県知事と同等に位置付けられることになる。都道府県知事を下っ端扱いできる現代人など、そうそういないのではないだろうか。

実のところ、王朝時代の物語に登場する人物の身分というのは、現代人にはひどくわかりにくいものとなっている。それゆえ、さまざまな誤解が生まれ、それが罷(まか)り通(とお)ってしまっていたりもするのであるが、これは、そもそもの現実の王朝時代の貴族たちの身分についての理解が、ひどく曖昧(あいまい)であるためかもしれない。

朝廷の位階と官職との間には、本来、「官位相当（かんいそうとう）」と呼ばれる原則があった。これは、位階ごとに就任するべき適正な官職があって、位階が上がったり下がったりすれば、それに応じて官職も変わらなければならない、というものである。そして、一般に「官位相当制」として知られる右の原則は、けっして暗黙の原則などではなく、明確に法制化され、律令の一部となっていた。

幻想としての「官位相当制」

それゆえであろう、現代の『源氏物語』の出版物は、しばしば、巻末の附録などとして、平安京図や内裏図とともに、「官位相当制」を一覧表化した「官位相当表」を採録している。あるいは、日本文学の研究者が書いたものであれ、日本史の研究者が書いたものであれ、『源氏物語』の入門書や解説書は、物語に登場する官職について説明するにあたって、当たり前のように、それぞれの官職に相当する位階に言及する。

しかし、これらの工夫は、今後、すっかりやめてしまった方がいいだろう。実のところ、「官位相当制」を気にすることこそが、現代人の間に王朝時代の身分をめぐる誤解を蔓延（まんえん）させているのである。

というのも、確かに律令の一部ともなっていた「官位相当制」も、王朝時代には、ほとんど機能していなかったからに他ならない。より強い言い方をするならば、「官位相当制」は、王朝時代までに、ほとんど崩壊してしまっていたのである。それは、王朝時代の人々にとっては、過去の制度でしかなかった。

王朝時代の朝廷においては、年に二回、「除目」と呼ばれる朝廷の人事を動かす政務が行われる。そして、この除目が行われるにあたっては、必ず「大間書」と呼ばれる文書が作成された。何枚もの紙を糊で貼り継いで長い長い白紙の巻物を作り、そこに、任期満了などで新たに空席となる官職を書き並べていく。これで、大間書の原型の出来上がりである。そして、除目がはじまると、空席の官職の新たな任官者が決定されるたび、右の原型の大間書に、その任官者の位階と氏名とが官職の下に書き込まれる。すると、除目が終了したときには、その除目で決まった人事の一覧が出来上がるわけだが、これこそが、「大間書」と呼ばれるものである。

そして、次に引用するのは、一条天皇の長徳二年（九九六）の正月の除目に際して作成された大間書である。とはいえ、原本はあまりにも長いものであるため、新たな人事のあった部分だけを抜粋しての引用となるが、それでも、研究書でもない書籍ではなかなか見かけない長さの引用になるので、そのために生じる不都合については、どうかご容赦いただきたい。

なお、この大間書については、ざっと一覧していただくだけでかまわない。もちろん、じっくりと眼を通すなら、それはそれで、さまざまな発見があっておもしろいはずなのだが、この節の本筋からすると、軽く眺める程度で十分である。

大間書
太政官
大外記　正六位上　多治真人雅清
権少外記　正六位上　能登連守成
右大史　正六位上　物部宿禰邦忠
右少史　正六位上　和気朝臣元倫
中務省
少丞　正六位上　藤原朝臣公則復任
内舎人　正六位上　御野宿禰実信皇后宮当年給二分代
内舎人　正六位上　三島真人忠信右大臣正暦五年給二分代
内舎人　正六位上　藤原朝臣元文東三条院臨時□□□御給
太皇大后宮職

大丞　従五位上　大江朝臣雅致

式部省

大丞　正六位上　源　朝臣済政

少　丞　正六位上　藤原朝臣有家

少丞　正六位上　菅原　朝臣宣義

治部省

少　丞　正六位上　大江朝臣通直前文章得業生

民部省

権　大輔　従四位下　藤原朝臣行成

大丞　正六位上　清原　真人為信

少　丞　正六位上　藤原朝臣貞幹

刑部省

少　録　正六位上　三島真人忠頼東三条院被申

大蔵省

少　丞　正六位上　平　朝臣行忠

少　録　正六位上　海　宿禰敬忠復任

宮内省

少　丞　正六位上　藤原朝臣貞仲文章生散位労

典薬寮

大属　正六位上　穴太宿禰豊理復任

弾正台

忠　正六位上　藤原朝臣右賢

少　忠　正六位上　大江朝臣忠孝文章生復任

春宮坊

大夫　正　三位　藤原朝臣公季兼

亮　従四位下　藤原朝臣通任

斎院司

長官　従五位下　源朝臣為政

修理職

亮　正六位上　橘　朝臣則光

山城国
大掾　正六位上　惟宗朝臣正明進物所執事
権大目　正六位上　江沼宿禰富基尚侍藤原朝臣当年給
権少目　従七位上　海宿禰正忠華山院当年御給
大和国
権介　正六位上　藤原朝臣忠節停東三条院去年臨時御給平好光改任
大掾　正六位上　上宿禰保節皇后宮当年御給
権大掾　正六位上　河内宿禰尚親民部卿藤原朝臣永延元年給二合
権大目　正六位上　多治真人禰福停左大弁平朝臣正暦四年給以同近江改任
河内国
権介　従五位下　藤原朝臣輔政
少掾　正六位上　秦忌寸直方停冷泉院応和元年御給備中権掾越智惟国改任
権大掾　正六位上　大秦連成生停故敏子内親王天元二年巡給二合長谷部諸先改任
和泉国
権掾　正六位上　御立宿禰永輔華山院去年御給

権目　正六位上　宗岡朝臣滋忠大舎人番長

摂津国

大掾　正六位上　大江朝臣孝信御厨所労

権大目　従八位上　清原真人利明奏時

権大目　正六位上　友主弘頼内豎所別籍

伊賀国

権掾　正六位上　依智秦宿禰正頼右衛門督藤原朝臣当年給二合

伊勢国

介　正六位上　都怒朝臣匡頼停正暦五年臨時内給藤原忠節改任

少掾　正六位上　壹志公元秀中務卿親王正暦三年巡給二合大鹿徳

権大目　正六位上　秦宿禰吉樹画所□

尾張国

守　正四位下　藤原朝臣理兼

権介　正六位上　長谷部宿禰岡具停永延二年臨時内給源度改任

権大目　正六位上　尾張宿禰正茂停正暦二年内給市井清光山城少目改任

参河国(みかわのくに)
守(かみ)　従五位下　藤原朝臣挙直(たかただ)
介(すけ)　正六位上　穴太宿禰季保(すえやす)冷泉院臨時御給
権掾(ごんのじょう)　正六位上　布勢宿禰時枝(ふせのすくねときえだ)中務卿親王巡給
大目(だいさかん)　正六位上　文室真人興茂(ふんやのまひとおきしげ)侍従藤原朝臣当年御給
遠江国(とおとうみのくに)
権介(ごんのすけ)　従五位下　平朝臣輔国(すけくに)
駿河国(するがのくに)
掾(じょう)　正六位上　笠朝臣高陳(かさのあそんたかのぶ)停内給正暦五年宗岳時改任
掾　正六位上　河内宿禰永頼(ながより)大宰帥親王巡給
伊豆国(いずのくに)
掾(じょう)　正六位上　船宿禰豊光(ふねのすくねとよみつ)停冷泉院正暦四年御給津奉親改任
甲斐国(かいのくに)
掾(じょう)　正六位上　坂本朝臣広茂(さかもとのあそんひろしげ)故大納言天慶六年給二合三国重信改任
権掾(ごんのじょう)　正六位上　大春日朝臣遠明(おおかすがのあそんとおあき)内舎人

相模国
介　従五位下　藤原朝臣輔久
武蔵国
守　従五位下　藤原朝臣寧親
介　正六位上　清原真人連方停冷泉院正暦五年臨時御給凡惟時改任
権大掾　正六位上　幡美宿禰相挙内舎人
権少掾　正六位上　佐伯宿禰得信停佐比寺天元四年林貞信改任
安房国
守　従五位下　藤原朝臣実輔
権掾　正六位上　藤原朝臣元成大舎人散位
上総国
掾　正六位上　伊勢朝臣延清停弾正尹親王正暦四年給紀乗吉任
下総国
介　正六位上　笠朝臣季春停冷泉院安和二年内給藤原朝臣基高改任
権大掾　従八位上　大蔵朝臣為基内竪本籍

常陸国
権介　従五位（ママ）　藤原朝臣惟文
権大掾　正六位上（ママ）　藤原朝臣有延内竪散位労
権少掾　正位上　委文宿禰保時中宮当年御給
近江国
権介　従五位上　藤原朝臣重家兼
介　従四位上　源朝臣則忠
大掾　正六位上　紀朝臣忠遠停東三条院正暦三年御給良峯惟国改任
権大掾　正六位上　蔵垣宿禰宣雅停冷泉院正暦五年給清原厚高改任
権　正六位上　紀朝臣守信停正暦六年内給巨勢重国改任
少掾　正六位上　安倍朝臣公輔停東三条院正暦四年御給多治国章改任
大目　正六位上　利部宿禰信正左衛門督藤原朝臣当年給
少目　正六位上　日辺宿禰吉常大舎人本籍
美濃国
権大掾　正六位上　葛木宿禰滋見停贈太政大臣去年給二合朝重隣改任

権少掾　正六位上　中原朝臣盛光明法挙
大目　正六位上　伊賀臣秋正右近中将藤原朝臣当年給
権大目　正六位上　文屋真人滋兼内竪天暦籍
少目　正六位上　物部宿禰時成太皇大后宮当年御給
飛騨国
守　正六位上　大春日朝臣遠晴
上野国
権大掾　正六位上　伴宿禰理来停正暦二年内給摂津権大掾紀節延改任
陸奥国
按察使　従二位　藤原朝臣顕光兼
出羽国
権掾　正六位上　藤原朝臣時頼太皇大后宮内竪籍
大目　正六位上　幡磨宿禰豊成停中納言源朝臣正暦五年給備後大目清額改任
若狭国
権掾　正六位上　巨勢朝臣為延華山院当年御給

越前国(えちぜんのくに)
守(かみ)　従四位上　源朝臣国盛(くにもり)
権介(ごんのすけ)　正六位上　藤原朝臣兼済(かねずみ)停東三条院正暦五年御給宮道佐平改任
少掾(しょうじょう)　正六位上　新井宿禰(あらいのすくね)為淵(ためふち)一品内親王当年給
権大掾(ごんのだいじょう)　正六位上　安倍朝臣(あべのあそん)晴忠(はるただ)停故敏子内親王天□年給宗我如時改任
大目(だいさかん)　正六位上　宇自可宿禰(うじかのすくね)春利(はるとし)左大弁平朝臣正暦三年給
加賀国(かがのくに)
権介(ごんのすけ)　従五位上　惟宗朝臣(これむねのあそん)外亮(そとすけ)兼
能登国(のとのくに)
守(かみ)　従五位上　源朝臣方国(かたくに)
権掾(ごんのじょう)　正六位上　菅原朝臣正具(まさとも)校書殿本籍
越中国(えつちゅうのくに)
少目(しょうさかん)　従七位上　三枝部連(さえぐさべのむらじ)為頼(ためより)大蔵卿藤原朝臣当年給
越後国(えちごのくに)
権介(ごんのすけ)　正六位上　葛原朝臣(かずらわらのあそん)延年(のぶとし)停正暦五年内給大栗延藤改任

丹波国（たんばのくに）
介（すけ）　従五位上　清原真人為時（ためとき）兼
権掾（ごんのじょう）　正六位上　笠朝臣吉仁（よしひと）太皇大后宮当年御給
権掾　正六位上　笠朝臣顕親（あきちか）停右大臣去年給二合国々紀秀行改任
権大目（ごんのだいさかん）　正六位上　長我宿禰忠永（ながかのすくねただなが）故大納言道頼卿
丹後国（たんごのくに）
介（すけ）　従五位下　藤原朝臣弘道（ひろみち）兼
掾（じょう）　正六位上　清原真人長忠（ながただ）停右衛門督藤原朝臣永祚二年給二合武蔵権少掾藤原不堪改任
目（さかん）　正六位上　清海首本相（きよみのおびともとすけ）右兵衛督源朝臣去年給
但馬国（たじまのくに）
権守（ごんのかみ）　従五位下　平朝臣行義（ゆきよし）
権介（ごんのすけ）　正六位上　河部宿禰佐（かわべのすくねたすく）兼　停正暦六年臨時内給品治北雄改任
権掾（ごんのじょう）　正六位上　金見宿禰隆光（かなみのすくねたかみつ）東三条去年御給
因幡国（いなばのくに）

介（すけ）　正六位上　倉門伊美吉時満（くらかどのいみきときみつ）停東三条院正暦四年臨時御給藤原朝臣陳任改任

権掾（ごんのじょう）　正六位上　当麻真人秀忠（たいまのまひとひでただ）算道挙

伯耆国（ほうきのくに）

掾（じょう）　正六位上　船朝臣嘉忠（ふねのあそんよしただ）朱雀院永観二年御給

大目（だいさかん）　正六位上　物部連為治（もののべのむらじためはる）停故入道左大臣安和二年給加賀目宗岳高通改任

出雲国（いずものくに）

権介（ごんのすけ）　正六位上　神田宿禰用富（かんだのすくねもちとみ）故保子内親王天元三年臨時給日置公岡改任

介（すけ）　正六位上　勾宿禰茂郅（まがりのすくねしげむね）停皇后宮正暦五年臨時御給安陪秀明改任

石見国（いわみのくに）

権掾（ごんのじょう）　正六位上　多治部宿禰有信（たじべのすくねありのぶ）停故輔子内親王天禄三年巡給二合日下部雅量改任

播磨国（はりまのくに）

権大掾（ごんのだいじょう）　正六位上　三国宿禰輔理（みくにのすくねすけまさ）右大臣当年給二合所任

少掾（しょうじょう）　正六位上　刑部宿禰宣憲（おさかべのすくねのぶのり）停故韶子内親王貞元々年紀守憲改任

権少掾（ごんのしょうじょう）　正六位上　太宿禰秀明（おおのすくねひであき）停大蔵卿藤原朝臣依献五節天元三年給二合日置実輔改任

権少掾　正六位上　安陪朝臣惟孝停弾正親王正暦六年巡給二合百済清重改任
少　掾　正六位上　播磨　造　延行臨時内給
少掾　正六位上　菅原朝臣豊信停故永平親王永観年年巡給二合陳部時数改任
権大目　正六位上　凡　河内宿禰成光大師藤原朝臣正暦五年給
権　少　目　従七位　上　氏　宿禰利明右大将藤原朝臣当年給
美作国
権守　従五位（ママ）　源朝臣伊行兼
介　従五位下　大中臣　朝臣輔親
備前国
権守　従三位　藤原朝臣時光兼
少　目　正六位上　三宅宿禰利則停修理権大夫藤原朝臣正暦二年給内蔵安永改任
備中国
権大目　正六位上　弓削朝臣有方当年内給
権　掾　正六位上　紀朝臣時成停冷泉院正暦二年御給□□良胤改任
備後国

介(すけ)　従五位下　源朝臣方理(かたまさ)兼

権少目(ごんのしょうさかん)　正六位上　清原宿禰(きよはらのすくね)遠賢(とおかた)校書殿執事

安芸国(あきのくに)

権掾(ごんのじょう)　正六位上　大中臣朝臣良廉(よしかど)校書殿頭

長門国(ながとのくに)

権守(ごんのかみ)　従五位下　大江朝臣尊基(たかもと)

掾(じょう)　正六位上　藤原朝臣仲廉(なかかど)勧学院挙

紀伊国(きいのくに)

権掾(ごんのじょう)　正六位上　桑原宿禰(くわはらのすくね)茂国(しげくに)大納言藤原朝臣当年給依献五節二合

大目(だいさかん)　正六位上　紀朝臣利廉(としかど)左大弁朝臣去年給

権大目(ごんのだいさかん)　正六位上　紀朝臣利廉皇后宮去年御給

少目(しょうさかん)　従七位上　越智直(おちのあたえ)利光(としみつ)停右大将藤原朝臣天元二年給筑後少目栗田光安改任

淡路国(あわじのくに)

守(かみ)　従五位下　藤原朝臣為時(ためとき)

権目(ごんのさかん)　正六位上　井上宿禰(いのうえのすくね)惟方(これかた)停修理権大夫藤原朝臣正暦四年給多治比茂助改任

阿波国
　権守　正五位下　藤原朝臣兼隆
　介　正六位上　御長宿禰好堪臨時内給
　権介　従五位下　菅原朝臣敦頼
　権掾　正六位上　藤原朝臣時堪勧学院挙
讃岐国
　守　従五位下　藤原公信
　権掾　正六位上　紀朝臣公則停東三条院正暦五年臨時御給山背師方改任
　権掾　正六位上　陵朝臣久時復任
　権少目　正六位上　津保江連正晴停大納言朝臣永延二年給但馬大目伴常永改任
伊予国
　権守　従四位下　源朝臣俊賢兼
　介　従四位下　源朝臣宣方兼
　掾　正六位上　藤原朝臣正行冷泉院去年御給
土佐国

権介（ごんのすけ）　正六位上　甘南備真人春信（かんなびのまひとはるのぶ）停永祚元年臨時内給物部義遠改任

権掾（ごんのじょう）　正六位上　壬生宿禰弘重（みぶのすくねひろしげ）斎院引巡給

掾（じょう）　正六位上　安名宿禰春滋（やすなのすくねはるしげ）停大納言藤原朝臣去年給二合伴為行改任

大宰府（だざいふ）

大監（だいげん）　正六位上　三年朝臣中方（みとしのあそんなかかた）文章生

権大監（ごんのだいげん）　正六位上　大中臣朝臣範政（のりまさ）内竪頭

権少監（ごんのしょうげん）　正六位上　藤原朝臣経則（つねのり）勧学院別当

少典（しょうさかん）　正六位上　刑部宿禰諸延（おさかべのすくねもろのぶ）停正暦二年内給美作大目坂上吉忠改任

筑前国（ちくぜんのくに）

権守（ごんのかみ）　従五位上　藤原朝臣成周（なりちか）

介（すけ）　正六位上　藤原朝臣量能（かずよし）大弐藤原朝臣請申

掾（じょう）　正六位上　粟田宿禰基忠（あわたのすくねもとただ）当年内給

権掾（ごんのじょう）　正六位上　清原真人秀松（ひでまつ）故輔子内親王天元年巡給二合清原正度改任

権大目（ごんのだいさかん）　従七位上　宗形宿禰末正（むなかたのすくねすえただ）華山院去年御給

筑後国（ちくごのくに）

守(かみ)　従五位下　藤原朝臣為信(ためのぶ)

介(すけ)　正六位上　藤原朝臣助文(すけふみ)停式部卿親王正暦二年臨時給筑前介多治時成改任

大目(だいさかん)　正六位上　伴　宿禰(とものすくね)忠宗(ただむね)停大蔵卿藤原朝臣永禄二年給多次文好改任

肥前国(ひぜんのくに)

権守(ごんのかみ)　従(ママ)位下　橘朝臣為義(ためよし)

肥後国(ひごのくに)

大掾(だいじょう)　正六位上　大和宿禰(やまとのすくね)延方(のぶかた)停正暦四年内給武々国御山城権少掾改任

権大掾(ごんのだいじょう)　正六位上　藤原朝臣光延(みつのぶ)進物所陽成院籍

豊前国(ぶぜんのくに)

介(すけ)　正六位上　秦宿禰諸忠(もろただ)停正暦三年内給年清方改任

権介(ごんのすけ)　正六位上　藤原朝臣惟方(これかた)停々子女御天延二年臨時給建部為松改任

豊後国(ぶんごのくに)

介(すけ)　従五位下　坂　上大宿禰(さかのうえのおおすくね)維光(これみつ)

掾(じょう)　正六位上　播磨宿禰(はりまのすくね)守信(もりのぶ)停藤原朝臣延長二年給大和是友改任

薩摩国(さつまのくに)

表20　朝廷の位階

正一位
従一位
正二位
従二位
正三位
従三位
正四位上
正四位下
従四位上
従四位下
正五位上
正五位下
従五位上
従五位下
正六位上
正六位下
従六位上
従六位下
正七位上
正七位下
従七位上

守(かみ)　従五位下　国宿禰(くにのすくね)雅重(まさしげ)

対馬島(つしまのしま)
　守(かみ)　外従五位下(げじゅごいげ)　讃岐宿禰(さぬきのすくね)輔範(すけのり)

左近衛府(さこのえふ)
　権将監(ごんのしょうげん)　正六位上　藤原泰通(やすみち)
　将曹(しょうそう)　正六位上　美努宿禰(みぬのすくね)秀茂(ひでしげ)

右近衛府(うこのえふ)
　権将監(ごんのしょうげん)　正六位上　藤原恒忠(つねただ)
　将曹(しょうそう)　正六位上　中臣朝臣嘉武(よしたけ)

右衛門府(うえもんふ)
　少志(しょうさかん)　正六位上　朝原朝臣善理(あさはらのあそんよしまさ)

右兵衛府(うひょうえふ)
　権少志(ごんのしょうさかん)　正六位上　伴朝臣義信(よしのぶ)滝口

右馬寮(うまりょう)
　権助(ごんのすけ)　従五位下　藤原有道(ありみち)

従七位下
正八位上
正八位下
従八位上
従八位下
大初位上
大初位下
少初位上
少初位下

少允　　正六位上　　坂上宿禰信親
　長徳二年正月廿五日

さて、ざっと眺めたところで、お気付きいただけただろうか。この大間書には、さまざまな官職の任官者たちが並んでいるわけだが、彼らの位階に注目するならば、そのほとんどが、正六位上なのである。右に見える任官者の数は、全部で一八六人にもなるが、その七四%強にあたる一三八人までが、そろって正六位上の位階を持っているのである。朝廷の位階は、最上の正一位から最下の少初位下まで、全部で三十階梯もあるというのに、ここでは、四人に三人が同じ一つの位階しか持っていないことになる。

さらに、右の大間書から、改めて大蔵省および越前国の部分だけを引用するならば、王朝時代に「官位相当制」が機能していなかったことは、ここに十分に明らかであろう。

大蔵省
　少丞　　正六位上　平朝臣行忠
　少録　　正六位上　海宿禰敬忠復任
越前国

守　従四位上　源朝臣国盛

権介　正六位上　藤原朝臣兼済停東三条院正暦五年御給宮道佐平改任

少掾　正六位上　新井宿禰為淵一品内親王当年給

権大掾　正六位上　安倍朝臣晴忠停故敏子内親王天□年給宗我如時改任

大目　正六位上　宇自可宿禰春利左大弁平朝臣正暦三年給

王朝時代には、従六位上相当のはずの大蔵少丞にも、正八位上相当のはずの大蔵少録にも、正六位下相当のはずの越前介にも、正七位下相当のはずの越前大掾にも、従七位上相当のはずの越前少掾にも、従八位上相当のはずの越前大目にも、「官位相当制」を完全に無視するかたちで、同じく正六位上の位階を持つ者が任官していたのであった。

王朝時代に「官位相当制」があったなどというのは、もはや、幻想でしかあるまい。

正六位上の新たな価値—王朝時代の下級貴族

王朝時代には、正六位下から下の位階のほとんどが、事実上、消滅してしまう。当該期には、朝廷が人々に正六位下から下の位階を与えることが、ほとんどなくなるのである。そして、当時も健在であった下位の位階は、ほぼ正六位上のみとなり、これこそが、実質的な最下位の位階となる。このことは、右に見た長徳二年正月の大間書に明白であろう。だが、実におもしろいことに、このことは、正六位上という位階の価値を下げる方向には働かず、むしろ、この位階の価値を上げる方向に作用した。

王朝時代に先立つ時代——平安時代前期までの時代——には、六位・七位・八位・初位といった下位の位階を持ち、貴族ではないまでも、庶民でもないような人々がいた。そして、そうした人々を仮に「下級官人」と呼ぶとして、この下級官人たちは、かなりの数で存在していた。ところが、王朝時代になると、朝廷が正六位下から下の位階をほとんど与えようとしなかったために、下級官人たちが激減してしまう。かつての下級官人たちは、正六位上の位階を持つ人々を除いて、ほぼ根絶されてしまうのである。

すると、王朝時代を生きる人々の大半は、ざっくりと二分されることになった。すなわち、当時の人々の多くは、従五位下以上の位階を持つ法律上の貴族と、全く位階を持たない庶民とに、二分されたのである。

しかし、正六位上の位階を持つ人々は、このどちらにも当てはまらない。彼らは、律令の認める貴族ではなかったものの、位階を持つ以上、単なる庶民でもなかったからである。しかも、貴族と庶民との中間にあった下級官人という階層は、既に壊滅状態になっていた。

そして、結局のところ、王朝時代の社会は、正六位上の位階を有する人々を、庶民よりも貴族に近いものとして扱うことにする。すなわち、当時の社会は、正六位上の人々を、庶民として扱わずに、下級の貴族として扱ったのである。王朝時代において、正六位上の位階を持つ人々は、実質的に、貴族のうちに数えられることになったわけである。

この話に疑問を持つ読者には、少し考えてみてほしい。紫式部の父親の藤原為時が従五位下に叙されたのは、かなり早めに見積もっても、三十歳代の半ばのことである。また、清少納言の父親の清原元輔に至っては、従五位下に叙されたのは、五十歳を過ぎてからのことである。そして、従五位下に昇進する以前の二人は、当然、正六位上の位階にあったわけだが、その頃の彼らは、貴族ではなかったのだろうか。そして、そんな彼らを父親として誕生した紫式部や清少納言も、やはり、貴族家の娘ではなかったのだろうか。

もちろん、従五位下刑部大輔の藤原雅正を父親とする為時は、それだけでも、社会階層としては、貴族層の一員であろう。また、従五位下下総守の清原春光を父親とする元輔も、全く同様である。それゆえ、幼い頃の紫式部や清少納言も、貴族層の娘ではあるだろう。

だが、為時や元輔の例に明らかなように、王朝時代に正六位上の位階を持った人々は、従五位下以上の位階を持つ人々と、同じ生活圏に生き、同じ文化圏に生きていたのである。彼らを実質的な貴族の一人と見做さない理由はないのではないだろうか。

四位・五位の新たな位置付け―王朝時代の中級貴族

これまでにも幾度か触れたように、律令の規定では、従五位下以上の位階を持つことが、貴族として扱われるための条件である。それゆえ、法制上の貴族を問題とする場合には、五位(ごい)の位階にある人々は、確かに、下級貴族と位置付けられることになるだろう。

しかし、王朝時代における「実質的な貴族」というものを問題にするならば、五位の位階を持つ人々は、実質的な中級貴族として扱われるべきである。正六位上の位階を持つ人々が、実質的な下級貴族として存在していたのであるから。

そして、四位(しい)の位階を持つ人々も、王朝時代の「実質的な貴族」としては、中級貴族に位置付けられるべきである。というのも、律令は、一位(いちい)から三位(さんみ)までの位階にある人々こそを、「貴」と呼ばれる身分と定め、四位・五位の位階にある人々のことは、「通貴」と呼ばれる身分と定めるからに他ならない。律令の言う「通貴」の「通」の意味するところは、「准」という漢字の意味するところと同じである。四位・五位の位階を持つ人々は、厳密には、法制上、准貴族に過ぎなかったことになる。そして、法制上の准貴族（「通貴」）は、王朝時代の「実質的な貴族」としては、中級貴族の扱いを受けたのであった。

詳細は前著『知るほど不思議な平安時代』に譲るが、四位・五位の王朝時代の中級貴族の人数は、千人ほどにもなった。そして、この千人ほどの中級貴族たちの一割ほどは、女性であった。紫式部や清少納言なども、自ら五位の位階を持っていたと考えられている。

また、王朝時代の中級貴族の男性たちは、「大夫（たいふ）」と呼ばれることがあったが、その大夫たちは、大きく二分されていた。といっても、四位と五位とに分かれていたということではない。そうではなく、王朝時代の中級貴族の男性たちは、「殿上人（てんじょうびと）」と呼ばれる人々と、「地下（じげ）（地下人）」と呼ばれる人々とに、大きく分かたれていたのである。

「殿上人」という言葉は、王朝文学の読者にはお馴染みのものであろう。王朝時代において「殿上人」と呼ばれたのは、天皇の側近として特別に清涼殿（せいりょうでん）への出入りを許された中級貴族たちである。当然のことながら、この殿上人になることができたのは、九百人ほどもいた中級貴族男性たちの、ほんの一部だけであった。その人数は、二十人を下回ることはなかったものと思われるが、王朝時代の間には四十人を上回りはしなかっただろう。仮に四十人であったとして、九百人のうちの四十人であるから、殿上人というのは、明らかに、大夫たちのうちのエリートであった。

これに対して、「地下」と呼ばれたのは、殿上人ではない中級貴族男性たちの全員である。本来、彼らは、むしろ、全く当たり前の中級貴族であった。とすれば、敢えて彼らに不名誉な呼称を与えなくてもよさそうなものであろう。だが、清涼殿に上がることを許されておらず、もし天皇に喚ばれたとしても、清涼殿の東庭の地面に跪かなければならなかった一般の大夫たちは、「地下」と呼ばれたのである。

それゆえ、地下たちは、殿上人たちのことを、敬意と憧憬とを込めて、「雲上人」とも「雲客」とも呼んだ。地下からすれば、殿上人というのは、まさに雲の上の存在であった。

三位以上の新たな威厳―王朝時代の上級貴族

律令が「貴」と呼んで正真正銘の貴族と定めたのは、正一位から従三位までの位階を持つ人々である。そして、王朝時代の上級貴族に位置付けられる彼らは、「公卿」とも呼ばれ、「上達部」とも呼ばれた。

おそらく、王朝文学の読者にとって馴染みがあるのは、「上達部」の方であろう。この言葉は、『源氏物語』にも、先に見た「殿上人」とセットで、かなりしばしば登場している。が、王朝時代に公式の場で用いられたのは、「公卿」の方であった。

ただ、王朝時代に「公卿」「上達部」と呼ばれたのは、厳密には、正一位から従三位までの位階を持つ者だけではない。当時、「公卿」とも「上達部」とも呼ばれたのは、正確には、正一位から従三位までの位階を持つ者および大臣・大納言・中納言・参議のいずれかの官職を帯びる者であったが、参議に就任する者の多くは、四位の位階にあったのである。

「官位相当制」が崩壊していた王朝時代にも、二位以上の位階を持たなければ大臣には就任できないという制限と、三位以上の位階を持たなければ大納言・中納言には就任できないという制限とは、頑なに守られていたものの、参議だけは、四位の位階を持っていれば就任できた。それゆえ、当時は、四位の位階を持つ者でも、参議の官職に就いた場合には、「大夫」とは呼ばれずに、「公卿」あるいは「上達部」と呼ばれたのであった。そして、現に王朝時代において「公卿」「上達部」と呼ばれていたからには、参議に就任した四位の位階の人々についても、これを、中級貴族として扱うのではなく、実質的な上級貴族として扱うべきであろう。

ちなみに、参議には、「宰相」という別名があった。そして、おそらく、王朝文学の読者には、「参議」という呼称よりも、「宰相」という呼称の方が、ずっと馴染みがあることだろう。『源氏物語』においても、参議が登場するとき、「参議」とは呼ばれず、「宰相」

と呼ばれるのである。紅葉賀巻においては参議を務める身であった光源氏も、やはり、「宰相の君」と呼ばれている。また、花宴巻の光源氏は、「宰相の中将」と呼ばれるが、これは、その頃の彼が、参議と近衛中将とを兼任していたからに他ならない。

表21　王朝時代の大宰権帥・大宰大弐

大弐	藤原佐理（従三位）	正暦二年正月任
大弐	藤原有国（従三位）	長徳元年十月任
権帥	平惟仲（中納言）	長保三年正月任
大弐	藤原高遠（従三位）	寛弘元年十二月任
大弐	平親信（従二位）	寛弘七年二月任　前中納言
権帥	藤原隆家（中納言）	長和三年十一月任
権帥	藤原行成（中納言）	寛仁三年十二月任
権帥	源経房（権中納言）	寛仁四年十一月任
大弐	藤原惟憲（従三位）	治安三年十二月任
権帥	源道方（権中納言）	長元二年正月任
権帥	藤原実成（中納言）	長元六年十二月任
権帥	藤原隆家（正二位）	長暦元年八月任　前中納言
権帥	藤原重尹（正三位）	長久三年正月任　前中納言
権帥	藤原経通（権中納言）	永承元年二月任
大弐	源資通（参議）	永承五年九月任
大弐	高階成章（従三位）	天喜二年十二月任

さらに、参議について付け加えるならば、あの惟光も、やがて参議にまで出世することになる。現代の『源氏物語』の読者には、ともすれば下っ端に過ぎないと思われがちな惟光であるが、梅枝巻には「惟光の宰相」として登場するのである。ついには「公卿」とも「上達部」とも呼ばれる上級貴族になった惟光は、けっして下っ端などではあるまい。

また、光源氏の乳母であった惟光の母親は、「大弐の乳母」の呼称で夕顔巻に登場するが、彼女の呼称が、その夫の官職に由来するのだとすれば、惟光の父親もまた、参議であったかもしれない。王朝時代に「大弐」と呼ばれた官職は、大宰府の次官にあたる大宰大弐だけであって、当時、これを務めることができたのは、三位の位階を持つ者もしくは参議の官職を帯びる者だけだったのである。

どうやら、惟光は、そもそも、上級貴族家の御曹司であったらしい。彼の父親は、参議ではなかったとしても、従三位以上の位階を持っていたはずなのだから。

「雨夜の品定め」の「上の品」「中の品」「下の品」

『源氏物語』の多くの場面の中でも、特に広く知られているものの一つとして、世に「雨夜の品定め」と呼ばれる、帚木巻の一幕がある。そこでは、頭中将を含む三人の年長の貴公子たちが、十七歳の光源氏を相手に、女性についてのあれやこれやを語って聞かせることになる。「雨夜の品定め」などと名付けると、何やら風情が出るものであるが、要するに、若い男性たちによる女性談議の場面に他ならない。

この談議においては、女性というものを語る前提として、貴族社会の中に三つの階層が設定される。すなわち、頭中将たちは、自らもその一員である貴族社会の人々を、「上の品」「中の品」「下の品」の「三つの品」に分類するのである。

そして、彼らの言う「中の品」は、「受領（ずりょう）」や「非参議（ひさんぎ）の四位（しい）ども」が具体例として挙げられることに明らかな如く、本節に言う「中級貴族」に一致する。頭中将たちは、四位・五位の位階にあって「大夫」と呼ばれる人々を、「中の品」と見做していることになる。

とすれば、「雨夜の品定め」において設定された「上の品」は、この節に言う「上級貴族」に合致しそうなものである。そして、どうやら、頭中将にとっては、「品高（しなたか）く生（う）まれ」たのが「上の品」であるらしいから、「上の品」とは、まさに、主として三位（さんみ）以上の位階を持つ上級貴族のことであり、「公卿」「上達部」などと呼ばれる者のことなのだろう。また、そうなると、頭中将が「殊（こと）に耳（みみ）立たず（全く関心を持てない）」と切り棄てる「下の品」（「下（しも）の刻（きざ）み」）は、当然、正六位上の位階にある下級貴族のことでなければなるまい。

このように、「雨夜の品定め」において設定される「三つの品」の社会階層は、本節が提示した「上級貴族」「中級貴族」「下級貴族」という区分と、みごとに符合する。そして、この事実は、本節で試みた区分が妥当であることの証左となるのではないだろうか。

なお、帚木巻では、「雨夜の品定め」に刺激を受けた光源氏が、「中の品」の女性に興味を持ちはじめ、まずは伊予介（いよのすけ）の官職を帯びる中級貴族の妻と一夜の関係を持つことになる。

すなわち、読者の間では「空蟬」として知られる女性の登場する話が展開されるのである。また、光源氏にとっては、同じ頃に関係を持った夕顔および末摘花も、「中の品」の女性であった。末摘花は、「上の品」と見做されそうなものだが、「雨夜の品定め」は、「もとはやむごとなき筋なれど、世に経る手づき少なく」というような、零落した「上の品」を、「中の品」と見做すのである。確かに、常陸宮の娘の二世女王でありながら、父親を亡くして以来、貧乏暮らしに甘んじていたというのが、末摘花という女君の設定であった。

しかし、そうした意味では、夕顔も、そして、空蟬も、生粋の「中の品」の女性ではない。夕顔の父親は、「三位の中将」と呼ばれるように、三位の位階を持つ近衛中将だったのであり、さらに、空蟬の父親に至っては、中納言だったのである。そして、それにもかかわらず、この二人が零落していたのは、ともに早くに父親を亡くしたからに他ならない。

さすがは光源氏、「中の品」の女性に手を出したつもりでも、相手の女性は、本物の「中の品」などではなく、あくまでも「上の品」から落ちぶれた「中の品」だったのである。

働く中将

光源氏は働いたか

光源氏が夕顔を見出したのは、六条御息所のもとを訪れるついでに、五条大路付近の仮住まいで療養する大弐の乳母を見舞った折であった。そして、ついでのこととはいえ、育ての親を見舞ったからには、相手が感涙に咽ぶほどに優しい言葉をかけるのが、光源氏という貴公子である。例えば、こんな具合に。

「人となりて後は、限りあれば、朝夕にしもえ見奉らず、心のままに訪ひ詣づることはなけれど、なほ、久しう対面せぬときは、心細く思ゆるを、『さらぬ別れはなくもがな』」

（成人してからは、公務などもあって時間が制限されていて、昔のように朝夕にお会いできず、気ままにお訪ねすることはありませんでしたが、やはり、久しくお会いしないときには、心細く感じましたので、古い和歌にもあるように、「死などというものがなければいいのに」といったところです）

この言葉を信じるならば、どうやら、光源氏は、何かと忙しい身であったらしい。しかも、公務で忙しかったというのである。そして、右の発言が無沙汰の言い訳に過ぎないものではないとすると、彼は、かなりの時間を朝廷に捧げていたことになる。

しかし、光源氏が熱心に働いている場面など、『源氏物語』にあっただろうか。

確かに、例えば、紅葉賀巻では、その頃には「中将」の官職を帯びていた光源氏が、「朝拝に参り給ふとて」と、正月元日の朝から内裏へと向かっており、これを見送った若紫は、光源氏役の人形（「雛」）をも、人形遊び用の内裏へと参上させている。あまり働いている印象のない光源氏であるが、間違いなく、出仕（出勤）はしていたようである。

ちなみに、野分巻には、同じく「中将」の任にあった頃の夕霧について、次の如く、常に公務で忙しくしていたことが語られている。

麗しくものし給ふ君にて、三条宮と六条院とに参りて、御覧ぜられ給はぬ日なし。

内裏の御物忌などに、え避らず籠り給ふべき日より他は、忙しき公事・節会などの暇要るべく事繁きに合はせても、先づこの院に参り、宮よりぞ出で給ひければ、

……

しかも、夕霧の場合、ただただ朝廷の務めに忙しい毎日を送っていただけではない。彼は、可能な限り、祖母の大宮のもと（「三条宮」）に顔を出し、父親の光源氏のもと（「六条院」）にも顔を出していたのである。いかにも生真面目な夕霧らしい話であろう。

とはいえ、この夕霧にしても、実際に何か仕事らしい仕事をしていることが語られることはない。彼をめぐっても、出仕（出勤）していることは確認できても、どんな仕事をしているのかは、全くわからないのである。夕霧の中将は、内裏で何をしていたのだろうか。

こうした疑問は、『源氏物語』の読者ならば、一度や二度は抱いたことがあるのではないだろうか。そして、これというのは、王朝時代の現実の貴族たちに関する疑問でもあるだろう。実のところ、当時の現実の貴族たちがどのような仕事をしていたのかは、必ずしも広く一般に理解されてはいないのである。

「中将」

ところで、「中将」と呼ばれる官職とは、どのようなものだったのだろうか。

『源氏物語』においては、右に触れた光源氏・夕霧の父子のみならず、頭中将・柏木の父子も、やはり、この「中将」を経験している。そして、一世源氏の光源氏および二世源氏の夕霧はもちろん、左大臣家の御曹司である頭中将も、やがては太政大臣に昇る頭中将を父親とする柏木も、『源氏物語』の世界を代表する貴公子である。とすれば、「中将」という官職には、何か特別な意味がありそうなものであろう。

表22　『源氏物語』の貴公子たちの官歴

光源氏	**中将**（帚木巻）	一七歳
	三位中将（紅葉賀巻以前）	一八歳？
	宰相中将（紅葉賀巻）	一九歳
	右大将（葵巻）	二二歳
	権大納言（明石巻）	二八歳
	内大臣（澪標巻）	二九歳
	太政大臣（少女巻）	三三歳
	〔准太上天皇（藤裏葉巻）	三九歳〕
頭中将	蔵人少将（桐壺巻）	
	頭中将（帚木巻）	
	三位中将（葵巻）	
	宰相中将（須磨巻）	

　しかし、その本来を尋ねるならば、「中将」というのは、危険な職務に従事しなければならない官職であった。というのも、それは、「近衛府」と呼ばれる軍事官司の次官であり、要するに、武官の一つだったからである。武官というのは、われわれ現代人にも耳慣れた言葉で言うならば、軍人に他ならない。また、軍事官司というのは、わかりやすく言えば、軍隊であるから、「中将」という官職は、一つの軍隊の副司令官だったことになる

	権中納言（澪標巻）	
	右大将・大納言（薄雲巻）	
	内大臣（少女巻）	
	太政大臣（藤裏葉巻）	
	〔致仕（若菜下巻）〕	
夕霧	学生（少女巻）	一三歳
	侍従（少女巻）	一三歳
	左中将（玉鬘巻）	一四歳
	宰相中将（真木柱巻）	一七歳
	権中納言（藤裏葉巻）	一八歳
	右大将（若菜上巻）	一九歳
	大納言（若菜下巻）	二五歳
	左大将（若菜下巻）	二六歳？
	右大臣（匂宮巻以前？）	四〇歳以前
	左大臣（竹河巻）	四九歳
柏木	左少将（少女巻）	
	右中将（胡蝶巻）	
	頭中将（藤袴巻）	
	右衛門督・宰相（若菜上巻）	
	中納言（若菜下巻）	

※**網かけ**表示は、「中将」を示す。

だろう。

なお、近衛府は、律令に見える官司ではない。律令に定めのない官司や官職は、「令外官」と呼ばれるが、近衛府というのは、令外官を代表する官司なのである。王朝時代には、左近衛府と右近衛府との二つの近衛府が置かれていたが、そのいずれもが、令外官であった。

それでも、左近衛府および右近衛府は、たいへん重要な職務を担っていた。左近衛府であれ、右近衛府であれ、その最も主要な職務は、天皇の護衛だったのである。「近くで衛る」からこその近衛府であるが、近衛府が「近くで衛る」のは、他でもない、天皇であった。現代人にも馴染みのある言葉で言うならば、近衛府というのは、天皇の親衛隊なのである。

そして、東側から天皇を護るのが左近衛府であり、西側から天皇を護るのが右近衛府であった。これは、中国に起源を持つ東アジアに共通の考え方で、玉座というのは、常に南を向いていて、玉座にある王から見れば、左は東となり、右は西となったからである。天皇の東側を護る親衛隊が左近衛府であって、天皇の西側を護る親衛隊が右近衛府であった。

そんな左近衛府・右近衛府の四等官（長官・次官・判官・主典）の名称は、他の諸官司のそれと比べると、かなり変わっている。まず、「左近衛大将」「右近衛大将」が、二つの近衛府の長官の名称であった。これらは、「左大将」「右大将」と略されることもある。また、左右の近衛府では「左近衛将監」「右近衛将監」というのが、判官の名称であり、「左近衛将曹」「右近衛将曹」というのが、主典の名称であった。これらも、端折られたときには、「左将監」「右将監」「左将曹」「右将曹」となる。

さらに、左近衛府・右近衛府には、次官となる官職が二つずつ置かれていた。そのうち、「左近衛中将」「右近衛中将」と呼ばれるのが、主席の次官であって、「左近衛少将」「右近衛少将」と呼ばれるのが、次席次官である。もちろん、これらの略称としては、「左中将」「右中将」「左少将」「右少将」というものがあったが、これをさらに略したのが、「中将」「少将」であった。そして、このさらなる略称が使われているために、光源氏や頭中将の場合、左近衛府・右近衛府のどちらの中将であったのかが、さっぱりわからないのである。

軍人から芸能人になった「中将」

元来の左近衛府および右近衛府が正真正銘の軍隊であったことは、所謂「承和の変」の折、左近衛少将藤原良相に出動が命じられたことにも明らかであろう。このとき、良相は、左近衛府の次席次官として、「近衛舎人」あるいは単に「近衛」と呼ばれる兵員を率いて、謀反の首謀者とされる皇太子恒貞親王の御所を包囲したのであった。

そして、そうした軍事官司に属する武官であったことから、左右の近衛府の四等官（長官・次官・判官・主典）が身に着ける束帯は、大臣や大納言・中納言をはじめとする文官たちが身に着ける束帯とは、かなり異なるものとなっていた。束帯というのは、平安時代の貴族たちの正装であるが、これには、文官用のものと武官用のものとがあって、左右近衛府の大将・中将・少将・将監・将曹は、当然、武官用の束帯をまとったのである。

この文官用の束帯と武官用の束帯との違いで、最も眼に着きやすいのは、上着の脇のスリットと冠の左右の日除けとであろうか。束帯の上着は、「袍」とも「上衣」とも呼ばれ

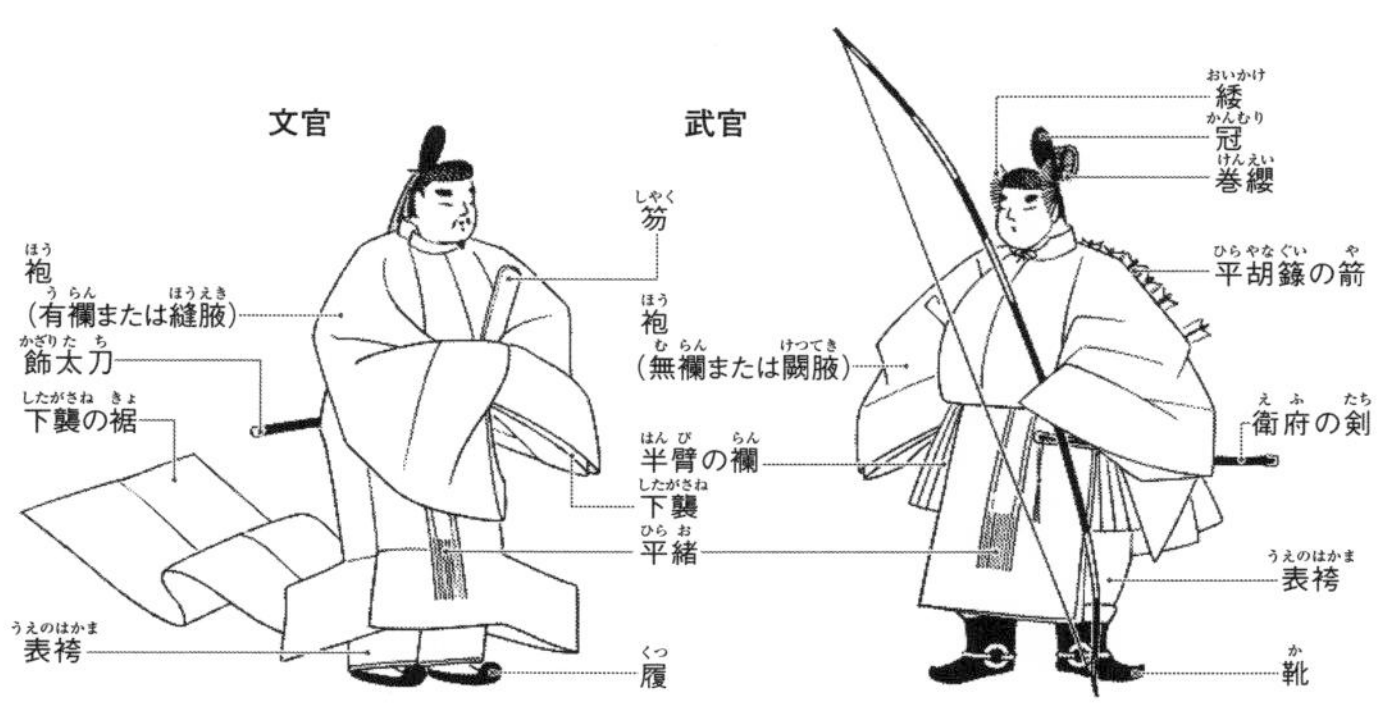

図13　文官の束帯・武官の束帯

るが、武官の袍（上衣）は、袖（そで）の付け根から下の前身頃と後身頃とが縫い合わされていない。これは、身体を動かしやすくするためであるが、この脇が開いた袍を、有職故実の言葉では、「闕腋袍（けつてきのほう）」と呼ぶ。また、武官の束帯では、頭に被る冠の左右に「緌（おいかけ）」と呼ばれる日除けを付けたが、これは、陽射（ひざ）しを遮（さえぎ）って弓矢の狙いを定めやすくするためのものであった。

さらに、軍隊の上級指揮官であった左右の近衛大将・近衛中将・近衛少将は、平時においても、自身の護衛を目的として、本来ならば天皇の警護を職務とする近衛舎人（近衛）を随伴させることを、天皇から特別に許されていた。つまり、大将・中将・少将は、常にボディーガードを連れていたのであり、しかも、それは、私設のボディーガードではなく、天皇から与えられた公設のボディーガードだったのである。これが「随身」と呼ばれた。

ところが、もともとは立派に天皇の親衛戦力であった左近衛府・右近衛府も、王朝時代までに、かなり大きく変質してしまう。

まず、第一に、王朝時代の左右近衛府は、天皇を警護する軍事力としては、全くあてにならなかった。『小右記』には、正暦四年（九九三）正月三日、右近衛府が、たった一騎の騎馬も制圧できず、宮中への侵入を許してしまったことが記録されるが、この程度の失態は、当時の左右の近衛府には、もはや、お馴染みのものとなっていたのである。

そして、第二として、王朝時代には、天皇が左右近衛府に最も期待することは、身辺の警護から優れた舞の披露へと、完全に変わってしまっていた。長保三年（一〇〇一）十月七日の『権記』によれば、一条天皇の母親の東三条院藤原詮子の四十歳を祝う行事の舞人に選ばれた貴族たちのほとんどは、左右の近衛中将か近衛少将かの官職を帯びていたが、当時においては、朝廷の行事もしくは天皇主催の私的な行事において、みごとに舞うことこそが、左右近衛府の最も重要な職務の一つになっていたのである。王朝時代の左右近衛府は、軍隊などではなく、言うなれば、朝廷の芸能プロダクションであった。

元来は軍人であった「中将」は、王朝時代には芸能人になってしまっていたのである。

芸能プロダクションへと変質した王朝時代の左右近衛府には、毎年の七月に殊更に大きな仕事があった。すなわち、朝廷の年中行事の一つに、七月の相撲節（すまいのせち）があったが、これを取り仕切ったのが、左右の近衛府だったのである。

相撲節を取り仕切る左右近衛府

「相撲節」と呼ばれる行事の中核は、内裏での天覧相撲であった。この場合の「相撲」は、「すまい」であって、「すもう」ではない。詳細は前著『下級貴族たちの王朝時代』に譲るが、「すまい」というのは、殴（なぐ）ることも蹴（け）ることも認められた、かなり荒々しい格闘技である。そして、この「すまい」に優れた相撲人（すまいにん）を、地方諸国から都へと駆り集めて、彼らを天皇臨御の内裏紫宸殿（ししんでん）の南庭で闘わせることが、相撲節という行事の骨子となる。

それゆえ、毎年、相撲節が行われることが確認されると、左近衛府は東国へと、右近衛府は西国へと、それぞれ、幾人かの近衛舎人（近衛）たちを使者に出す。そうやって、全国から有望な相撲人を集めるのである。そして、近衛舎人に伴われて上京した相撲人たちの世話をしたのも、やはり、左右の近衛府であった。もちろん、東国の相撲人たちの面倒を見るのは左近衛府であり、西国の相撲人たちの面倒を見るのは右近衛府である。

そうして、相撲節当日、天覧に供される相撲の勝負の全ては、東国の相撲人と西国の相撲人とという組み合わせで行われる。したがって、相撲節の天覧相撲は、左近衛府と右近衛府との勝負でもあった。相撲節では、一つの勝負が終わるごとに、勝った側の近衛府の楽人たちが音楽を奏でて、やはり勝った側の近衛府の舞人たちが舞を舞うことになっており、これもまた、この行事の見どころの一つとなっていたが、ここにも、二つの近衛府の対抗意識を見ることができるだろう。

ちなみに、右に言及した相撲節に登場する左右近衛府の楽人および舞人であるが、彼らの全てが、近衛舎人であった。王朝時代の左近衛府・右近衛府は、庶民層の優秀な楽人たちや優秀な舞人たちを、近衛舎人の扱いで抱えていたのである。そして、左右近衛府の楽人たち・舞人たちは、春日社の例祭や賀茂社の例祭に際して、近衛中将あるいは近衛少将が勅使として派遣されると、その勅使に随伴して社頭へと赴き、それぞれの芸を奉納したのであった。当時の左右の近衛府が芸能プロダクションであったというのは、けっして大げさな言いようではあるまい。

相撲節が終わると、熱戦を繰り広げた相撲人たちは、近衛府の長官である近衛大将の私邸において、慰労の宴席に着くことになる。もちろん、東国の相撲人たちは左近衛大将のもとで、西国の相撲人たちは右近衛大将のもとで、それぞれねぎらわれるのである。そして、このように相撲節に招集された相撲人たちをもてなすことは、王朝時代において、左近衛大将・右近衛大将の重要な職務となっていた。二人の近衛大将は、近衛大将の職務の一環として、十分に飲ませたり食わせたりしたうえに、土産まで持たせて、相撲人たちをそれぞれの故郷への帰途に就かせたのである。左近衛大将・右近衛大将の相撲節での役どころは、まさに、イベントを取り仕切る芸能プロダクションの社長であった。

左右近衛府の端午節

慰労の宴会といえば、蛍巻において、その頃には左近衛中将であった夕霧が、彼の自宅でもある六条院第の夏の町（東の町）において、左近衛府の同僚たちや部下たちを招いて盛大な饗宴を催しているが、その宴会もまた、慰労を目的とするものに他ならない。

夕霧が右の宴席を設けたのは、六条院第の女君たちが五月の端午節の行事として、薬玉の贈答を楽しんだ日のことである。薬玉というのは、薬草を含む草花を球状に束ねたものであり、王朝時代には、これを縁起物として知人たち・友人たちと贈り合うことが、家宅や着衣を菖蒲で飾ることに加えて、端午節の定番の楽しみとされていたのであった。

もちろん、そうしたことは、やはり、宮中でも行われていた。そのあたりは、『枕草子』に見える通りである。が、当時の朝廷が端午節の公式の行事としたのは、大内裏内での競馬や流鏑馬（騎射）であった。そして、これに駆り出されたのは、内裏の警護を職務とする軍事官司の左右の兵衛府だったのであり、また、左右の近衛府だったのである。

この端午節の大内裏の競馬や流鏑馬は、よほど刺激的なものであったらしく、かの藤原道綱母なども、その見物に連れて行ってもらえるかどうかを賭けて、夫の藤原兼家と双六の勝負をしている。そして、双六に勝ち、端午節の当日、兼家とともに競馬や流鏑馬を見物した道綱母は、『蜻蛉日記』に見る限り、たいへん満足したようであった。しかし、そうして見物の人々を満足させるほどの武芸を見せなければならなかったのだから、端午節の行事は、左右近衛府や左右兵衛府にとっては、大仕事であったに違いない。

となれば、左右近衛府の面々にしても、左右兵衛府の面々にしても、慰労の酒宴の一つもほしいところであったろうが、そうした事情から催されたのが、夕霧の饗宴であった。そこでは、競馬や流鏑馬に活躍した近衛舎人たちの他、勝負と勝負との間に楽人として演奏したり舞人として舞ったりした近衛舎人たちも、十分に飲み、十分に食べたうえで、褒美を与えられたのである。そして、同様の慰労の宴会は、同じ日のうちに、右近衛府はもちろん、左兵衛府や右兵衛府でも行われていたことだろう。

ただ、一つ気になるのは、右の饗宴を主催した夕霧が、左近衛府の次官に過ぎない左近衛中将であった点である。こうした慰労の宴席は、やはり、左近衛府の長官である左近衛大将によって設けられるべきだったのではないだろうか。あるいは、物語では端折られているだけのことで、その日、六条院第の饗宴がはじまる以前、既に左近衛大将の私邸でも饗宴があって、夕霧主催のものは、二次会のような宴会だったのかもしれない。

なお、左右近衛府では、「手結（てつがい）」と呼ばれる軍事演習が行われた日にも、必ず慰労の饗宴が行われており、これも、やはり、左右の近衛大将が主催するべきものとされていた。そして、流鏑馬（騎射）を具体的な内容として平安京のすぐ北側の左近馬場（さこんのうまば）や右近馬場（うこんのうまば）で行われた手結は、軍事演習とはいえ、多くの見物人を集めたから、この日の近衛舎人たちは、あたかもタレントのようなものだったのであり、そんな近衛舎人たちを宴席で慰労した左右の近衛大将は、またしても、芸能プロダクションの社長のようなものだったのである。

賀茂祭の行列の主役を務める「中将」

しかし、多くの場合にそれなりの年齢に達していた左右の近衛大将は、芸能プロダクションとしての王朝時代の左右近衛府において、あくまで社長の役割を果たすばかりであって、タレントとして活躍することは、滅多になかった。そして、これに対して、当時、多くの場合に若者であって、

「プロダクション近衛府（仮）」の誇る人気タレントとなったのは、左右の近衛中将たちであった。王朝時代においては、左近衛中将といい、右近衛中将といい、まさに、大人気の芸能人のような存在だったのである。

それが顕著になったのは、例えば、毎年四月の賀茂祭の日であった。

王朝時代の平安京に暮らした人々の間では、ただ「花」と言えば、桜を意味した如く、また、ただ「山」と言えば、比叡山を意味した如く、ただ単に「祭」と言えば、賀茂祭を意味するものであった。平安京の鎮守である賀茂社の例祭は、それほどまでに、当時の都の住人たちにとって、重要なものだったのである。

ただ、彼らが賀茂祭を重要視していたのは、必ずしも信仰心からばかりではなかった。平安京の住人たちは、誰しも、内裏から賀茂社へと向かう勅使の行列を見物することを、恒例の娯楽としていたのである。そして、それは、貴族層の人々も、庶民層の人々も、全く同じであった。毎年四月の二回目の酉日（中酉日）になると、都に暮らす人々は、貴族も庶民もなく、とにかく一条大路に群がり、眼を輝かせて勅使の行列に見入ったものだったのである。映画もテレビもなかった当時においては、派手な行列の見物こそが、視覚に訴える娯楽としては最高のものだったのだろう。

そして、平安京中の注目を集める賀茂祭の行列において、堂々たる主役を務めたのが、左近衛中将もしくは右近衛中将の官職を帯びる貴公子であった。王朝時代の朝廷は、左右の近衛中将の一人を賀茂祭の勅使とすることを例としていたのである。次に引くのは、『九暦』として知られる藤原師輔の日記の天徳三年（九五九）四月二十二日の記事であるが、ここに明らかなように、同年に賀茂祭の勅使を務めたのは、師輔の長男で当時は左近衛権中将の任にあった伊尹であった。

　賀茂祭に勅使を進る中将伊尹朝臣なり。

とはいえ、実は、この近衛中将が務める勅使は、言ってみれば副勅使のようなものに過ぎず、主たる勅使はというと、内蔵寮の次官である内蔵助が務めることになっていた。したがって、本来は、その内蔵助こそが、賀茂祭の勅使の行列の主役なのである。

だが、行列を見物する人々の眼には、そうは映らなかった。年若い貴公子が、冠には賀茂社の神紋になっている葵を付けて、煌びやかに飾り立てられた馬に颯爽と跨り、その周囲には、これまた煌びやかに着飾った大勢の従者たちが整然と付き随う――そんな近衛中将の姿を眼にした人々は、その誰もが、近衛中将に見惚れたのであり、近衛中将こそを行列の主役と見做したのである。気の毒な話ではあるが、文官の内蔵助の地味さでは、近衛中将に太刀打ちできるはずもなかったのであった。

なお、葵巻の「車争い」と呼ばれる場面も、『源氏物語』の中で最もよく知られる場面の一つであるが、この場面の背景となっている行列見物は、賀茂祭の行列の見物ではない。

物語の主人公としての「中将」

賀茂祭の当日、勅使の近衛中将と並んで見物の人々の注目の的となる賀茂斎院は、祭日以前、平安京のすぐ東側を流れる賀茂川の河原に出て、そこで禊祓を行うことになっていた。これを「御禊」と呼ぶが、この御禊の行き帰りにも、朝廷から賀茂斎院の世話役として派遣された上級貴族たちや、同じく朝廷から賀茂斎院の先導役として派遣された左右兵衛府の官職を持つ中級貴族たちなどによって、それなりの行列が組まれたため、御禊の日の一条大路にも、大勢の見物人が詰めかけたものであった。そして、かの「車争い」は、まさに、御禊の行列の見物の場において起きた騒動だったのである。

ただし、物語の世界のことであるから、そのときの御禊の行列は、普通の御禊の行列ではなかった。その折の賀茂斎院が朱雀帝の妹宮であったために、朝廷から派遣されて行列に加わる貴族たちには、容姿が優れているのみならず人望も厚い人々ばかりが慎重に選び出されたうえに、彼らが身に着ける衣裳や彼らが騎る馬の鞍までが、念入りに準備されたのである。そして、件の行列の特別さの極め付けとなったのが、光源氏の参加であった。その頃の光源氏は、右近衛大将の任にあったが、本来、賀茂斎院の御禊の行列に近衛大将が加わることはない。しかし、妹宮をかわいがる朱雀帝の強い意向によって、その近衛大将の光源氏までが、御禊の供人（ともびと）となったのである。

すると、当然のことながら、御禊の当日、一条大路に集まった見物人たちが最も注目したのは、他ならぬ光源氏であった。そもそも、事前に光源氏の参加が知れ渡っていたために、その年の御禊の日の一条大路には、例年になく大勢の見物人が集まったのだという。しかも、見物の貴族たちが乗る牛車（ぎっしゃ）には、いつになく趣向を凝らしたものが多かったというのであるが、おそらく、そうした牛車に乗って見物していたのは、貴族家の女性たちだったのだろう。彼女たちにしてみれば、ただ光源氏の姿を見たかっただけではなく、できることならば、光源氏に自分たちを見てほしかったのである。

すると、そんな名前も知らない女性たちの期待にも応えてみせるのが、光源氏という貴公子であった。彼は、「さらぬ顔（かお）なれど、微笑（ほほえ）みつつ、後目（しりめ）に留（と）め給（たま）ふもあり」と、さりげない表情ながら、微笑みを浮かべつつ、眼に着く牛車には流し目を送ったりもしていたのである。さすがに、「大殿（おおとの）のは著（しる）ければ、細（まめ）だちて渡（わた）り給（たま）ふ」と、一目でそれとわかる葵の上の牛車の前だけは、職務中らしい、きりっとした真面目な顔で通過するのであったが。

そして、右の光源氏をめぐる状況は、おそらく、賀茂祭当日の勅使の近衛中将をめぐる状況でもあったろう。もちろん、右に見たのは、あくまでも物語の中の御禊の行列である。が、現実の賀茂祭の行列においても、勅使の近衛中将は、見物人たちにとって、物語の主人公のような存在であったろう。物語の中で見物の人々が光源氏に向けた視線は、現実の王朝時代の見物人たちが賀茂祭の勅使の近衛中将に向けた視線だったのである。

名門貴族家の御曹司にふさわしい官職としての「中将」

そんな左近衛中将および右近衛中将は、王朝時代において、摂関家や大臣家といった名門貴族家の御曹司が若い頃に帯びるにふさわしい官職と見做されていた。

これについては、次に引く『枕草子』の一節が参考になろう。

君達は、頭の中将・頭の弁・権の中将・四位の少将・蔵人の弁・四位の侍従・蔵人の少納言・蔵人の兵衛佐。

ここに言う「君達」とは、名門貴族家の御曹司のことである。そして、「頭の中将」以下は、そのいずれもが、名門貴族家の年若い御曹司が帯びるにふさわしいと見做されていた官職であって、それぞれの詳細は、次の如くとなる。

・「頭の中将」　蔵人頭を兼任する近衛中将
・「頭の弁」　蔵人頭を兼任する右大弁もしくは左中弁もしくは右中弁
・「権の中将」　増員された近衛中将（職務や権限は普通の近衛中将と全く同じ）
・「四位の少将」　四位の位階を持つ近衛少将（近衛少将の位階は五位が普通）
・「蔵人の弁」　蔵人を兼任する左中弁もしくは右中弁もしくは左少弁もしくは右少弁
・「四位の侍従」　四位の位階を持つ侍従（侍従の位階は五位が普通）
・「蔵人の少納言」　蔵人を兼任する少納言
・「蔵人の兵衛佐」　蔵人を兼任する兵衛佐（左右兵衛府の次官）

ここに、名門貴族家の御曹司にふさわしい官職の最初に挙げられている頭中将（「頭の中将」）は、光源氏の親友であった左大臣家の御曹司が若い頃に帯びていた官職である。したがって、かの頭中将は、実に御曹司らしい御曹司として設定されていたことになろう。また、天皇の秘書官が蔵人であり、数人を定員とした蔵人たちを統括する天皇の秘書官長が蔵人頭であったから、これを兼任する近衛中将は、確かに、名門貴族家の御曹司の官職として最適であったろう。

表23　藤原道長一門の御曹司たちの官歴（中納言まで）

頼通（道長男）	権中納言	←三位中将	←三位少将	←近衛少将	←　←	←侍従
教通（道長男）	権中納言	←三位中将	←近衛中将	←近衛少将	←兵衛佐	←侍従
頼宗（道長男）	権中納言	←三位中将	←近衛中将	←近衛少将	←兵衛佐	←侍従
能信（道長男）	権中納言	←二位中将	←三位中将	←近衛中将	←兵衛佐	←侍従
長家（道長男）	権中納言	←三位中将	←近衛中将	←近衛少将	←　←	←侍従
源師房（頼通養子）	権中納言	←三位中将	←近衛中将	←　←	←　←	←侍従
通房（頼通男）	権中納言	←二位中将	←三位中将	←近衛中将	←近衛少将	←侍従
師実（頼通男）	権中納言	←三位中将	←近衛中将	←　←	←　←	←侍従
信家（教通男）	権中納言	←二位中将	←三位中将	←近衛中将	←　←	←侍従
信長（教通男）	権中納言	←参議	←頭中将	←近衛中将	←　←	←侍従
兼頼（頼宗男）	権中納言	←参議	←三位中将	←近衛中将	←近衛少将	←侍従
俊家（頼宗男）	権中納言	←参議	←頭中将	←近衛中将	←近衛少将	←侍従
能季（頼宗男）	権中納言	←参議	←頭中将	←蔵人頭	←少納言	←侍従
能長（能信男）	権中納言	←参議	←頭中将	←蔵人頭	←兵衛佐	←侍従
忠家（長家男）	権中納言	←参議	←二位中将	←三位少将	←近衛少将	←侍従
祐家（長家男）	権中納言	←参議	←二位中将	←二位侍従	←三位侍従	←侍従

※網かけ表示は、近衛中将を示す。
※囲み表示は、蔵人頭を示す。

だが、右に三番目に挙げられている近衛権中将（このえごんのちゅうじょう）（「権の中将」）は、他に何らかの官職を兼任しているわけではない。言ってみれば、ただの近衛中将である。が、王朝時代においては、ただの左近衛中将やただの右近衛中将が、蔵人を兼任する左中弁（さちゅうべん）や蔵人を兼任する少納言（しょうなごん）や蔵人を兼任する左右の兵衛佐（ひょうえのすけ）などより、名門貴族家の御曹司にふさわしい官職と見做されていたのであった。

そして、藤原道長（みちなが）一門の貴公子たちの官歴を確認してみると、ただ一つの例外もなく、その全員が、一度は左か右かの近衛中将に任官している。左近衛中将および右近衛中将は、確かに、名門貴族家の御曹司にふさわしい官職だったのである。

とすれば、王朝物語に登場する貴公子が、かなりしばしば「中将」であったりするのも、あまりにも当然のことかもしれない。おそらく、王朝時代当時、左右の近衛中将は、男性の官職と直接には関係のない女性たちの間でも、容姿に優れた理想の貴公子に最もふさわしい官職として認識されていたのだろう。

「中将」にふさわしい貴公子

ただし、名門貴族家の御曹司であっても、左右の近衛中将に任官するにあたっては、優れた容姿が求められた。平たく言えば、立派な家柄の貴公子も、容姿が優れていなければ、左近衛中将や右近衛中将にはなれなかったのである。

この点については、長和三年（一〇一四）正月二十四日の『小右記』に記された、藤原実資の次のような嘆きに耳を傾けてみよう。

資頼は体骨の長大たり。衛府の者には便無き也。
（資頼は身体が大き過ぎる。武官には不向きである。）

資頼というのは、実資の兄の藤原資平の息子として生まれて実資の養子となった貴公子である。そして、彼の養父となった実資は、関白太政大臣藤原実頼の孫であり、その実頼に後継者と見込まれて、実頼の養子となったばかりか、実頼から本宅の小野宮第を譲られた人物であって、藤原実資家といえば、王朝時代を代表する名門貴族家であった。つまり、資頼もまた、若い頃には左右の近衛中将を経験するべき立場にあったのである。

だが、これには、一つ、大きな問題があった。資頼の身体は、当時としては規格外に大きかったのである。現代であれば、人並み外れて大きな身体を持つ男子は、何かしらのスポーツ選手として活躍することを期待されるだろう。そして、戦国時代の巨漢であれば、周囲の人々は、屈強な武者としての活躍を期待したはずである。が、王朝時代の貴族の家に生まれた大柄な男子は、誰からも気の毒がられるような存在でしかなかった。

『枕草子』の「今の内裏の東をば」とはじまる一段によれば、定澄という僧侶は、その「忌々しう高し」と言われるほどに大きな身体のゆえに、しばしば揶揄の対象となっていた。彼は、興福寺の別当（責任者）に任じられ、また、大僧都にまで昇ったように、当時を代表する名僧の一人であったにもかかわらず、身体の大きさのために侮られていたのである。王朝時代の貴族層の人々にとって、大きな身体は、醜い身体でしかなかったのだろう。

そして、大柄であるがゆえに醜い貴公子と見做された資頼は、終生、近衛中将には任命されなかった。それどころか、彼は、やがて受領国司となって、名門貴族家の御曹司らしからぬ人生を歩むのであった。

ちなみに、当時の貴族層の人々にとっての優れた容姿はといえば、それは、「太り清げに（福々しく太ってうつくしく）」「色合ひ実に白く（肌の色は本当に真っ白で）」というものとなる。次に引用する『栄花物語』の一節に明らかな如くである。

> 見奉れば、御年は廿二三ばかりにて、御容姿整ほり、太り清げに、色合ひ実に白くめでたし。「かの光源氏も、かくや有りけむ」と見奉る。

ここでは、中関白家（藤原道隆家）の御曹司で、右近衛中将を経て二十一歳で内大臣にまで昇った、藤原伊周の容姿が語られるが、「かの光源氏も、かくや有りけむ（あの光源氏も、このようにうつくしかったのだろうか）」というのだから、最高にうつくしい貴公子であった光源氏も、当然、「太り清げに」「色合ひ実に白く」という容姿の持ち主だったのだろう。

殿上人としての「中将」

さて、以上のように見てきたところで、左近衛中将といい、右近衛中将といい、あまり忙しく働いている様子がない。相撲節を取り仕切ったといっても、それは、年に一度のことであったし、また、賀茂祭の勅使を務めたといっても、それは、幾人かいる左右の近衛中将たちのうちの一人だけのことであった。どうやら、光源氏に限らず、「中将」というのは、それほど働かなくてもいいことになっていたらしい。

しかし、そうだとすれば、光源氏といい、夕霧といい、どうして、頻繁に内裏に出仕（出勤）したのだろうか。彼らは、毎日毎日、内裏で何をしていたのだろうか。

現実の王朝時代において、名門貴族家の御曹司であることが当たり前であった左右の近衛中将たちは、ほとんど例外なく、殿上人になっていた。殿上人が清涼殿への出入りを許された天皇の選ばれた側近であることは、既に幾度か触れた通りである。

殿上人たちの最も目立つ仕事は、天皇が食事をするときの給仕を務めることであった。天皇の生活を取り上げた節でも軽く触れたように、「朝御膳」「昼御膳」「大床子御膳」などと呼ばれる天皇の日中における正式な食事の際、給仕を務めたのは、殿上人たちであった。また、これは天皇の節では触れなかったことであるが、天皇は、夕方にも「夕御膳」または「大床子御膳」と呼ばれる正式な食事を摂ることになっており、この食事の給仕を務めることも、殿上人たちの仕事であった。

とはいえ、この朝御膳や夕御膳の給仕は、二十人から三十人ほどもいた殿上人たちが全員で務めたわけではない。殿上人たちは、数人ずつの「番」と呼ばれるグループに分かれて、番ごとに交代で朝御膳・夕御膳の給仕を務めたのである。

そして、翌日に給仕を務めることになっている番の殿上人たちは、前夜から内裏で宿直をするものであった。もちろん、朝御膳の給仕に備えてのことである。それゆえ、王朝時代の内裏では、毎晩、必ず数人の殿上人が宿直をしていたのであったが、内裏で宿直をする殿上人は、翌日に給仕の仕事を控える者ばかりではなかった。少なからぬ殿上人たちが、翌日の給仕とは関係なく、自発的に内裏で宿直をしていたのである。そして、この特に目的があるわけでもない宿直もまた、殿上人たちの仕事であった。天皇の側近である殿上人たちにとっては、何をするわけでなくとも天皇の近くにいることが、それだけで仕事だったのである。だからこそ、光源氏も、夕霧も、「中将」であって殿上人であった頃には、頻繁に内裏で宿直をしていたのであった。

また、「何をするわけでなくとも天皇の近くにいること」は、日中においても、立派に殿上人たちの仕事となっていた。清涼殿の南の端に設けられた殿上(てんじょう)の間(ま)にいて、ただただ同僚の殿上人たちと雑談をしているだけでも、殿上人たちにとっては、立派な奉公だったのである。

ただそこにいるだけで仕事と見做されるというのは、われわれ現代人の多くにとっては、何ともうらやましい話であろう。そして、そんなうらやましい働きぶりでありながら、女性たちには人気があったのが、王朝時代の「中将」であった。

『源氏物語』を楽しんだ人々——エピローグ

庶民たちも『源氏物語』を楽しんだか

王朝時代において『源氏物語』を楽しんだのは、貴族層の人々であった——おそらく、現代人の多くは、漠然とそう思っていることだろう。王朝時代に庶民層の人々までが『源氏物語』を楽しんでいたなどとは、そもそも考えもしないというのが、ある意味、現代人にとっての常識的な態度なのかもしれない。

しかし、王朝時代当時の実態はどうであったろうか。

もちろん、王朝時代の庶民たちについてわかることは、非常に少ない。著者自身、前著『庶民たちの平安京』では、都(みやこ)に暮らす庶民たちだけに視野を狭めて、彼らの生活や人生を明らかにすることを試みたが、その成果はといえば、ささやかなものでしかなかった。ただ、その試みの中で、一つ、おもしろいことに気付いた。すなわち、あの『枕草子』が、王朝時代の庶民たちについて、いろいろなことを語ってくれるのである。どうやら、清少納言という女性は、誰よりも貴族らしい教養を持つ貴族女性でありながら、かなりの程度に庶民層の人々に関心を持っていたらしい。前著『知るほど不思議な平安時代』でも幾らか触れたところではあるが、もしかすると、清少納言こそが、わが国で最初の民俗学者なのかもしれない。

では、『枕草子』には、庶民たちがどのように描かれているのかというと、例えば、こんな感じなのである。

よろしき男を、下衆女などの誉めて、「いみじう懐かしう御します」など言へば、やがて思ひ落とされぬべし。誹らるるは、なかなかよし。下衆に誉めらるるは、女だにいと悪し。

（貴族男性を、庶民女性たちが褒めて、「たいへん親しみやすくいらっしゃる」などと言うと、そのままその貴族男性を見損ってしまいます。庶民には悪く言われる方が、かえっていいというものです。庶民に褒められるのは、貴族としては、女性でもひどくよくないのです。）

「下衆女」とは、われわれ現代人には穏やかならぬ言葉に感じられるが、これは、王朝時代の貴族層の人々が庶民層の人々について普通に使っていた言葉であって、清少納言が特に口が悪かったというわけではない。当時の貴族たちは、庶民男性たちを、「下衆」「下種」と呼び、「下人」とも呼んだのであり、また、庶民女性たちを、「下衆女」「下種女」と呼ぶとともに、「下女」と呼んだりもしたのである。

しかし、「下衆」だの「下種」だの「下人」だのと呼ばれた庶民たちの側では、それで貴族たちを怨むでもなく、むしろ、貴族たちに興味津々であった。庶民層の特に女性たちは、貴族層の男性たちを品評し合っては、それを日常の楽しみの一つとしていたのである。

当然、これは、都に暮らして朝廷の諸官司や貴族の家々で下働きをしていたような庶民たちに限られたことであったろう。が、庶民たちと貴族たちとの距離は、われわれ現代人が何となく考えているよりも、ずっと近いものだったのかもしれない。

庶民と貴族との間の壁

ちなみに、王朝時代の庶民と貴族との間にあった壁は、低いものでも薄いものでもないが、それは、けっして越えることも破ることもできないほどに高く厚いものでもない。

「貴族」の上中下を論じた節で見たように、王朝時代には、正六位上よりも下位の位階が実質的にほとんど消滅してしまう。すなわち、王朝時代の朝廷は、正六位下から下の十五階梯の位階を、ほとんど誰にも与えなくなっていたのである。

が、お気付きだろうか、「ほとんど誰にも与えなく」なって「ほとんど消滅」しただけであって、全く誰にも与えなくなったわけでもなければ、完全に消滅したわけでもないのである。そして、確かな史実として、正六位下から下の十五階梯のうち、従七位上および従八位上の二つだけは、かなり細々とではあるが、王朝時代にも生き延びていたのであった。

ここで、既に紹介した長徳二年（九九六）正月の大間書から、必要な部分のみを再び引用するが、長徳二年正月の除目の一八六人の任官者のうちには、従七位上の位階を持つ者が五人だけいるのであり、かつ、従八位上の位階を持つ者が二人だけいるのである。

山城国
　権少目　従七位上　海宿禰正忠華山院当年御給
摂津国
　権大目　従八位上　清原真人利明奏時

下総国
権大掾　従八位上　大蔵朝臣為基内竪本籍
越中国
少目　従七位上　三枝部連為頼大蔵卿藤原朝臣当年給
播磨国
権少目　従七位上　氏宿禰利明右大将藤原朝臣当年給
紀伊国
少目　従七位上　越智直利光停右大将藤原朝臣天元二年給筑後少目栗田光安改任
筑前国
権大目　従七位上　宗形宿禰末正華山院去年御給

この七人は、おそらく、貴族の家の生まれではない。ずっと遠い先祖はともかく、父親や祖父は庶民であったというのが、この七人であろう。これについての詳細は、「平安時代中期の従七位上および従八位上」（『歴史民俗資料学研究』二二）という論文をご覧いただくしかないが、王朝時代の朝廷は、そうした庶民たちを特別に任官させるにあたり、正六位上の下級貴族家の生まれの人々とも区別するべく、従七位上もしくは従八位上の位階を与えていたようなのである。

しかし、この七人も、その後の活躍によっては、正六位上に昇進できたかもしれない。あるいは、彼らの孫あたりが従五位下にまで出世することも、絶対になかったとは言えまい。王朝時代の身分の壁とは、実際には、そうした程度のものでしかなかった。

貴族たちの周辺に暮らす庶民たち

ところで、『枕草子』には、王朝時代の庶民たちに関連するものとして、次のような記述も見える。

をかしと思ふ歌を、草子などに書きておきたるに、言ふ甲斐なき下衆の、うち謡ひたるこそ、いと心憂けれ。

(すばらしいと思っていた和歌を、雑記帳などに書き留めておいたところ、取るに足らない庶民が、節を付けて口吟んでいたりすると、ひどくがっかりします。)

貴族たちの側では、和歌を自分たちだけのものだと考えていたのかもしれない。が、実のところは、どうやら、庶民たちもまた和歌を楽しむことがあったらしい。ここに登場する庶民も、おそらくは、官司か貴族家かの下働きの一人であろう。とすれば、彼が和歌に親しんだとしても、そう不思議なことではあるまい。

そして、『枕草子』の「殿などの御しまさで後」とはじまる一段には、清少納言が和歌に親しむ庶民に助けられたことも語られている。それは、彼女が勤め先でいろいろとあった末に自宅に帰って引き籠っていた頃のこと、清少納言のいない生活を物足りなく思う中宮藤原定子は、「いはでおもふぞ」と、有名な古歌の第四句だけを山吹の花びらに書いて送り、清少納言に仕事への復帰を促すが、清少納言は、定子への返事の手紙を書こうにも、「いはでおもふぞ」の一句を含む一首の全体を思い出すことができず、一人で悶えることになり、そこを、女童として彼女に仕える庶民の少女に助けられたのである。

　このとき、清少納言が思い出せなかったのは、「心には／下行く水の／湧きかへり／言はで思ふぞ／言ふに勝れる」という和歌であるが、この一首は、『古今和歌六帖』にも採られており、清少納言自身が「同じ古ごとと言ひながら、知らぬ人やはある（同じ古歌の中でも、これを知らない人がいるだろうか）」と言うほどに広く知られていた。そして、中宮定子は、この和歌の第四句だけを示すことで、第五句（結句）をも想起させて、「（私は、あなたに「帰ってきなさい」とはっきりと言いはしないけれど、）何も言わずに心の中で思っている方が、言うよりも深い思いなのよ」と伝えたかったのである。それゆえ、清少納言は、右の和歌の全体を踏まえた気の利いた返事を書く必要があったのだが、第一句（初句）からして思い出すことができず、ただただ身悶えするばかりであったところ、彼女の前に控えていた女童が、ポツリと「『下行く水』とこそ申せ」と言ったのであった。

この件を、清少納言は、「これに教へらるるもをかし」の一言で済ませるが、これは、「言ふ甲斐なき下衆の、うち謡ひたる」一件と、全く同質の出来事であろう。いずれも、貴族たちの周辺に暮らす庶民たちが貴族たちの詠む和歌に親しんでいたことを示すのである。

とすれば、官司や貴族家で下働きをする女性たちを中心に、王朝時代の庶民たちが『源氏物語』に関心を寄せたことは、十分にあり得えよう。そして、前著『庶民たちの平安京』で見たように、『大鏡』には多少の漢字の読み書きができる庶民も登場しているから、当時の庶民たちが仮名を読めたことは、想定されて然るべきである。あるいは、仮名も読めない庶民でも、誰かの朗読によって『源氏物語』を楽しむことはあったのではないだろうか。

あとがき

光源氏は、幸せだったのでしょうか。

また、仮に、光源氏の生涯が幸福なものであったとして、彼には、さらに幸せになれる人生はなかったのでしょうか。あるいは、仮に、光源氏の一生が不幸なものであったとして、彼には、さらに不幸せになってしまう人生はあり得なかったのでしょうか。

言うまでもなく、光源氏というのは、架空の人物です。彼は、現実の王朝時代を生きたわけではありません。ですから、その彼をめぐって、幸せであったかどうかを考えるなど、全く生産的なことではないでしょう。

しかし、これが、現実の王朝時代を生きた、実在の皇子たちについてであれば、どうでしょうか。

王朝時代には、けっしてめずらしい存在ではないほどに、たくさんの皇子たちがいました。これは、確かな史実です。そして、その実在の皇子たちは、ただ存在していたわけではなく、それぞれに、一人の人間として、それぞれの人生を生きていたのでした。とすれば、そこには、それぞれの幸せや不幸せがあったことでしょう。

そして、本書の主要な関心は、まさに、この点にあるのです。つまり、王朝時代の皇子たちについて、彼らが幸福な生涯を送ったのか否(いな)かを検証してみることこそが、この本における最大の関心事なのです。

とはいえ、誰かが幸せであるか否かなど、本来、その本人にしかわからないことでしょう。他人が傍らから判断できるのは、せいぜい、その人が幸せそうに見えるかどうかくらいのものです。ましてや、千年もの昔を生きた人々についてとなると、幸せそうに見えるかどうかを判断することさえ、そう簡単ではありません。

それでも、私は、どうしても考えずにはいられないのです。「王朝時代を生きた人々は、幸福だったのだろうか」と。

私は、王朝時代＝平安時代中期の研究を専門としていますが、私にとっての研究の入口は、陰陽師(おんみょうじ)たちでした。そう、安倍晴明(あべのはるあき（せいめい）)に代表される、王朝時代の陰陽師たちです。

その研究を進める中で、私には、一つ、強いこだわりがありました。すなわち、私は、陰陽道(おんみょうどう)の研究ではなく陰陽師の研究をするということに、かなりこだわっていたのです。そして、それは、やはり、王朝時代に陰陽師として生きた人々が、それぞれ、一人の人間として、幸福であったのかどうかということに、大きな関心があったからでした。それ以来、私は、陰陽師たち・庶民たち・天皇たち・姫君たち・上級貴族たち・中級貴族たち・下級貴族たちと、王朝時代のさまざまなカテゴリーの人々について、彼らが幸せであったのか否かを見てきました。実際には、ただ彼らが幸せそうに見えるかどうかを眺めてきたに過ぎないのかもしれませんが、一貫して、彼らが幸福であったかどうかを知ろうとしてきたつもりです。

ですから、王朝時代の皇子たちが幸せであったか否かも、私にとっては、どこかで必ず確かめなければならないことの一つでした。そして、今回、その機会が本書においてめぐってきたという次第になります。

ただ、そうして皇子たちのことを調べはじめると、当然、皇女(おうじょ)たちのことも気になってしまうというものでしょう。しかも、王朝時代の皇女たちが幸せであったかどうかを知るべく、彼女たちの人生を検証しはじめてみると、それは、どうかすると、皇子たちの生き方を明らかにする仕事よりも、さらに取り組み甲斐のある仕事だったのです。

また、本書では、広く「中将」と呼び習わされている近衛中将（左近衛中将・右近衛中将）たちをも、大きく取り上げましたが、これは、王朝時代に近衛中将を務めた貴公子たちが幸福を享受していたのか否かを確かめようとしてのことに他なりません。「中将」といえば、王朝物語の世界においては、主人公の定番ですから、そんな彼らが幸せであったかどうかは、やはり、是非とも検証しておくべきでしょう。

歴史上の人物たちについて、彼らが幸福であったかどうかを確かめようとするなど、アカデミズムの歴史学にとっては、馬鹿げたことでしかないかもしれません。しかし、私にとっては、王朝時代を生きた多様な人々がそれぞれに幸せであったか否かということこそが、最大の関心事なのです。

二〇二三年七月七日　無粋な雨に見舞われた七夕の夜に

繁田信一

著者紹介

一九六八年、東京都に生まれる
一九九七年、東北大学大学院文学研究科博士課程後期単位取得退学
二〇〇三年、神奈川大学大学院歴史民俗資料学研究科博士後期課程修了
現在、神奈川大学日本常民文化研究所特別研究員、同大学国際日本学部非常勤講師、博士（歴史民俗資料学）

〔主要著書〕
『天皇たちの孤独』（角川学芸出版、二〇〇六年）
『庶民たちの平安京』（角川学芸出版、二〇〇八年）
『紫式部の父親たち』（笠間書院、二〇一〇年）
『知るほど不思議な平安時代』上・下（教育評論社、二〇二二年）
『孫の孫が語る藤原道長』（吉川弘文館、二〇二三年）

歴史文化ライブラリー
578

源氏物語を楽しむための王朝貴族入門

二〇二三年（令和五）十月一日　第一刷発行

著　者　繁田信一（しげたしんいち）
発行者　吉川道郎
発行所　株式会社 吉川弘文館
東京都文京区本郷七丁目二番八号
郵便番号一一三―〇〇三三
電話〇三―三八一三―九一五一〈代表〉
振替口座〇〇一〇〇―五―二四四
http://www.yoshikawa-k.co.jp/
印刷＝株式会社 平文社
製本＝ナショナル製本協同組合
装幀＝清水良洋・宮崎萌美

ISBN978-4-642-05978-7

歴史文化ライブラリー

1996. 10

刊行のことば

現今の日本および国際社会は、さまざまな面で大変動の時代を迎えておりますが、近づきつつある二十一世紀は人類史の到達点として、物質的な繁栄のみならず文化や自然・社会環境を謳歌できる平和な社会でなければなりません。しかしながら高度成長・技術革新にともなう急激な変貌は「自己本位な刹那主義」の風潮を生みだし、先人が築いてきた歴史や文化に学ぶ余裕もなく、いまだ明るい人類の将来が展望できていないようにも見えます。このような状況を踏まえ、よりよい二十一世紀社会を築くために、人類誕生から現在に至る「人類の遺産・教訓」としてのあらゆる分野の歴史と文化を「歴史文化ライブラリー」として刊行することといたしました。

小社は、安政四年(一八五七)の創業以来、一貫して歴史学を中心とした専門出版社として書籍を刊行しつづけてまいりました。その経験を生かし、学問成果にもとづいた本叢書を刊行し社会的要請に応えて行きたいと考えております。

現代は、マスメディアが発達した高度情報化社会といわれますが、私どもはあくまでも活字を主体とした出版こそ、ものの本質を考える基礎と信じ、本叢書をとおして社会に訴えてまいりたいと思います。これから生まれでる一冊一冊が、それぞれの読者を知的冒険の旅へと誘い、希望に満ちた人類の未来を構築する糧となれば幸いです。

吉川弘文館

歴史文化ライブラリー

古代史

- 邪馬台国の滅亡 大和王権の征服戦争——若井敏明
- 日本語の誕生 古代の文字と表記——沖森卓也
- 日本国号の歴史——小林敏男
- 日本神話を語ろう イザナキ・イザナミの物語——中村修也
- 六国史以前 日本書紀への道のり——関根 淳
- 東アジアの日本書紀 歴史書の誕生——遠藤慶太
- 〈聖徳太子〉の誕生——大山誠一
- 倭国と渡来人 交錯する「内」と「外」——田中史生
- 大和の豪族と渡来人 葛城・蘇我氏と大伴・物部氏——加藤謙吉
- 物部氏 古代氏族の起源と盛衰——篠川 賢
- 東アジアからみた「大化改新」——仁藤敦史
- 白村江の真実 新羅王・金春秋の策略——中村修也
- よみがえる古代山城 国際戦争と防衛ライン——向井一雄
- よみがえる古代の港 古地形を復元する——石村 智
- 古代氏族の系図を読み解く——鈴木正信
- 古代豪族と武士の誕生——森 公章
- 飛鳥の宮と藤原京 よみがえる古代王宮——林部 均
- 出雲国誕生——大橋泰夫
- 古代出雲——前田晴人
- 古代の皇位継承 天武系皇統は実在したか——遠山美都男
- 壬申の乱を読み解く——早川万年
- 戸籍が語る古代の家族——今津勝紀
- 古代の人・ひと・ヒト 名前と身体から歴史を探る——三宅和朗
- 疫病の古代史 天災、人災、そして——本庄総子
- 万葉集と古代史——直木孝次郎
- 郡司と天皇 地方豪族と古代国家——磐下 徹
- 地方官人たちの古代史 律令国家を支えた人びと——中村順昭
- 古代の都はどうつくられたか 中国・日本・朝鮮・渤海——吉田 歓
- 平城京に暮らす 天平びとの泣き笑い——馬場 基
- 平城京の住宅事情 貴族はどこに住んだのか——近江俊秀
- すべての道は平城京へ 古代国家の〈支配の道〉——市 大樹
- 都はなぜ移るのか 遷都の古代史——仁藤敦史
- 古代の都と神々 怪異を吸いとる神社——榎村寛之
- 聖武天皇が造った都 難波宮・恭仁宮・紫香楽宮——小笠原好彦
- 天皇側近たちの奈良時代——十川陽一
- 藤原仲麻呂と道鏡 ゆらぐ奈良朝の政治体制——鷺森浩幸
- 古代の女性官僚 女官の出世・結婚・引退——伊集院葉子